O Deus de palavra

O Deus de palavra

ROGER ELLSWORTH

O Deus de palavra
confiando plenamente nas promessas divinas

Tradução
Haroldo Janzen

2ª impressão

©1996, de Roger Ellsworth
Título original •
A Promise is a Promise
edição publicada por
EVANGELICAL PRESS
(Durham, Inglaterra)

■

Todos os direitos em língua portuguesa reservados por Editora Vida

PROIBIDA A REPRODUÇÃO POR QUAISQUER MEIOS, SALVO EM BREVES CITAÇÕES, COM INDICAÇÃO DA FONTE.

Todas as citações bíblicas foram extraídas da *Nova Versão Internacional* (NVI), ©2001, publicada por Editora Vida, salvo indicação em contrário.

EDITORA VIDA
Rua Júlio de Castilhos, 280
CEP 03059-000 São Paulo, SP
Tel.: 0 xx 11 6618 7000
Fax: 0 xx 11 6618.7050
www.editoravida.com.br
www.vidaacademica.net

■

Coordenação editorial: Rogério Portella
Edição: Lenita Ananias
Diagramação: Letra & Arte
Capa: Magno Paganelli

Dados Internacionais de Catalogação na Publicação (CIP)
(Câmara Brasileira do Livro, SP, Brasil)

Ellsworth, Roger
 O Deus de palavra : confiando plenamente nas promessas divinas / Roger Ellsworth ; tradução Haroldo Janzen. — São Paulo : Editora Vida, 2002.

 Título original: *A Promise is Promise : How God Provides for his People*
 ISBN 85-7367-616-7

 1. Deus - promessas 2. Promessas - aspectos religiosos - cristianismo I. Título.

02-5036   CDD-231.5

Índices para catálogo sistemático

1. Deus : Promessas : Doutrina cristã 231.5
2. Promessas divinas : Doutrina cristã 231.5

*Em memória do diácono
amado da Igreja Batista Emanuel,
meu prezado amigo e alma gêmea
Lester Auten*

SUMÁRIO

Agradecimentos	9
Introdução	11

Primeira parte: Cristo e as promessas — 17

1. A primeira grande promessa	19
2. Promessas do Antigo Testamento cumpridas por Cristo	25
3. Cristo e o cumprimento de Isaías 53	33
4. As promessas de Deus em Cristo	39
5. Cristo: a garantia das promessas de Deus	45

Segunda parte: Promessas para o início da jornada — 51

6. A promessa de salvar o pecador que crê	53
7. A promessa de ser Deus e Pai de quem crê	59
8. A promessa de conceder descanso para a alma	65

Terceira parte: Promessas para a jornada — 71

9. A promessa do Conselheiro	75
10. A promessa de perseverança	81
11. A promessa da palavra que permanece	87
12. A promessa de orientação	95
13. A promessa da oração atendida	103
14. A promessa do cuidado sustentador de Deus	111
15. A promessa de paz perfeita	117
16. A promessa de suprir nossas necessidades	125
17. A promessa de refúgio e fortaleza	133
18. A promessa da igreja triunfante	139
19. A promessa de perdão para o cristão que peca	145
20. A promessa de cura para a terra	151
21. A promessa para quem semeia com lagrimas	159

22. A promessa de forças renovadoras 165
23. A promessa áurea 171
24. A promessa de defender os justos 177

Quarta parte: Promessas para o fim da jornada 185

25. A promessa de ajuda na hora da morte 187
26. Um conjunto de promessas 193
27. A promessa da casa do Pai 197
28. Promessas acerca da natureza do céu 203

Conclusão: O encorajamento que vem das promessas 209

AGRADECIMENTOS

Como sempre, sou profundamente grato pelo auxílio de Beth Bozeman, Sheila Ketteman e Susan Bailie em tornarem esses capítulos uma realidade.

Também agradeço pelo incentivo e apoio de minha esposa Sylvia e à Igreja Batista Emanuel que alegremente tem caminhado comigo enquanto experimentamos muitas dessas promessas.

Também reconheço a valiosa contribuição de Pat Stewart e Chuck Todd por partilharem comigo preciosas observações.

Introdução

Todos nós sabemos o que é uma promessa. É o anúncio de uma intenção. É quando alguém declara que pretende fazer alguma coisa ou dar alguma coisa. Existem duas categorias de promessas: as promessas dos homens e as promessas de Deus. As promessas dos homens incluem promessas que fazemos a nós mesmos, as que fazemos uns aos outros e as que fazemos a Deus. A segunda categoria trata das promessas feitas entre as três pessoas da Trindade e as promessas que Deus nos fez. Não existe nada de espetacular acerca das promessas dos homens, mas quando se trata das promessas de Deus, a história é diferente!

Promessas entre as três pessoas da Trindade

Pode parecer um tanto surpreendente ouvir falar de promessas feitas entre as três pessoas da Trindade, mas as Escrituras nos mostram vislumbres dessa realidade. Deus Pai, Deus Filho e Deus Espírito Santo fizeram uma aliança entre si, antes da criação do mundo, para traçar minuciosamente o plano de redenção. As três pessoas da Trindade santa sabiam de antemão que o homem pecaria e traçaram o plano para redimir uma grande multidão de pecadores. Esse plano consistia em o Pai escolher pessoas para si, o Filho tornar-se homem e comprar a redenção para os eleitos e o Espírito Santo confirmar essa redenção no coração das pessoas.

As primeiras promessas de que se tem notícia foram feitas ao filho pelo Pai. Em sua *Teologia sistemática*, Louis Berkhof enumera essas promessas da seguinte maneira:

12 O Deus de palavra

a. Que ele prepararia um corpo para o filho, corpo que seria um tabernáculo próprio para ele; um corpo em parte preparado pela ação imediata de Deus e não contaminado pelo pecado, Lc 1.35, Hb 10.5.

b. Que ele o dotaria dos necessários dons e graças para a realização da sua tarefa, e particularmente o ungiria para os ofícios messiânicos, dando-lhe o Espírito sem medida — promessa cumprida especialmente no seu batismo, Is 42.1,2; 61.1; Jo 3.31.

c. Que ele o apoiaria na realização de sua obra, livra-lo-ia do poder da morte habilitando-o, assim, a destruir os domínios de Satanás e estabelecer o reino de Deus, Is 42.1-7; 49.8; Sl 16.8-11; At 2.25-28.

d. Que ele o capacitaria, como recompensa por sua obra consumada, a enviar o Espírito Santo para a formação do seu corpo espiritual, e para a instrução, direção e proteção da igreja, Jo 14.26; 15.26; 16.13,14; At 2.33.

e. Que ele lhe daria numerosa semente em recompensa por sua obra consumada, uma tão numerosa semente que seria uma incontável multidão, de modo que, finalmente, o reino do messias abrangeria o povo de todas as noções e línguas, Sl 22.27; 72.17.

f. Que ele o comissionaria, delegando-lhe todo o poder, no céu e na terra, para o governo do mundo e de sua igreja, Mt 28.18; Ef 1.20-22; Fp 2.9-11; Hb 2.5-9; e finalmente o recompensaria, como Mediador, com a glória que, como Filho de Deus, tinha com o Pai antes de existir o mundo, Jo 17.5.[1]

O puritano Thomas Boston propõe uma classificação diferente dessas mesmas promessas. Ele diz que o Senhor Jesus recebeu essencialmente três promessas do Pai. A primeira foi a promessa de *auxílio em* seu trabalho. Em seguida, a promessa de *aceitação do* seu trabalho. E, por último, a promessa da *recompensa pelo* seu trabalho.[2]

[1] São Paulo: Editora Cultura Cristã, 1990, p. 251.
[2] *The complete works of Thomas Boston,* Richard Owen Roberts Publishers, p. 469-72.

As promessas que Deus fez a Cristo são apenas algumas das promessas nessa categoria. Existem também as promessas que Cristo fez ao Pai e ao Espírito Santo (de vir a este mundo e prover a redenção para todos os que crêem), e as promessas que o Espírito Santo fez ao Pai e ao Filho (de vir a este mundo para exaltar a Cristo e aplicar a obra de redenção concluída por Jesus no coração de cada indivíduo).

AS PROMESSAS DE DEUS AOS HOMENS

Isso nos leva à segunda parte dessa categoria das promessas de Deus, que é o propósito desse livro — as promessas de Deus aos homens. Reflita por um momento: Deus fez promessas aos homens! Esse pensamento é maravilhoso e inspirador.

Primeiro, não pode haver dúvida de que temos alguma compreensão de quem Deus é. Ele é o Criador soberano e Juiz de todas as coisas. É perfeito em sabedoria, ilimitado em poder e resplandecente em glória. Tudo vê e tudo sabe. Ele é santo e justo.

Em seguida precisa ficar claro quem nós somos. Primeiro, *somos criaturas*. O Deus que criou todas as coisas, também nos criou. Segundo, *somos criaturas caídas*. Não somos como Deus nos fez. A distância entre Criador e criatura é bem grande, mas a distância entre nós e Deus tornou-se intransponível em decorrência da nossa pecaminosidade.

Com esses conceitos firmemente gravados em nossa mente, vamos voltar alguns passos e examinar essas promessas mais uma vez. Deus nos fez promessas! Ele não tinha nenhuma obrigação para conosco, mas voluntariamente assumiu uma obrigação para conosco ao fazer-nos promessas.

"O Deus do cristão é o Deus da promessa", diz um dos grandes puritanos, Robert Traill.[3] Não poderia haver cristianismo sem isso. O cristianismo existe porque Deus fez suas promessas.

---

[3] *The works of Robert Traill*, Edinburgh: Banner of Truth Trust, vol. III & IV, p. 37.

O cristão é alguém que *confia* em Deus, mas se Deus não tivesse feito promessas, em que ele confiaria, de que dependeria? O apóstolo Paulo diz: "Conseqüentemente, a fé vem por se ouvir a mensagem, e a mensagem é ouvida mediante a palavra de Cristo" (Rm 10.17).

O cristão *procura obedecer às leis de Deus*, mas qual seria o estímulo à obediência se não houvesse as promessas de Deus? O cristão *ora* porque tem as promessas de Deus. Traill diz: "A tarefa principal na oração é lembrar Deus da sua promessa. A grande tarefa dos cristãos é transformar as promessas em orações, e Deus transformará em atos concretos tanto a oração como a promessa".[4]

O cristão tem esperança no futuro glorioso no céu. Em que ele baseia essa esperança? Nas promessas de Deus!

O cristão *é chamado a viver plenamente*. Ele deve ser o modelo de paz e alegria. Como consegue isso? Confiando nas promessas de Deus!

Todas essas coisas deveriam nos proporcionar descanso. A verdade é que, como cristãos, falhamos em muitas dessas áreas. Parece que uma série de vírus e "bugs" entraram em nosso sistema. Falta vibração e alegria na maioria de nós. Poucas coisas poderiam ser consideradas paixão por Deus, mas existe muita paixão pelo modo de pensar e agir do mundo. O desânimo e a fadiga em relação à obra do Senhor parecem contaminar um número cada vez maior de cristãos. As promessas de Deus podem ajudar-nos. Elas têm a habilidade extraordinária de purificar a alma do que a aflige. Servem como um "fortificante" para refrescar e revigorar espíritos fracos e desgastados.

Richard Sibbes, outro puritano, escreve: "Deus sustenta a alma e o espírito dos seus filhos com promessas, para preveni-los contra as tentações que surgem de todos os lados...".[5]

---

[4]Ibid. p. 42.
[5]*The works of Richard Sibbes*, Edinburgh: Banner of Truth Trust, vol. III, p. 384.

Introdução 15

O propósito destes capítulos é expor algumas das promessas de Deus ao leitor para que ele possa encontrar força e apoio por meio delas.

Por onde começar? Charles Spurgeon diz o seguinte acerca das promessas de Deus: "Temos um celeiro cheio! Quem consegue classificá-las?".[6] A tarefa, na verdade, é um tanto intimidadora, mas a tentativa deve ser feita. A divisão seguinte mostrou-se útil para mim de tratar as muitas promessas de Deus. Primeiro, examinaremos Cristo e as promessas. Em seguida, vamos observar as promessas. Existem tantas promessas que é necessário fazer certa classificação ou organização. Mas qual é a ordem mais proveitosa?

Quando eu refletia acerca da condição de peregrino do cristão neste mundo, ocorreu-me que existem promessas que nos ajudam a iniciar a jornada, outras que nos sustentam durante o percurso e há ainda as que são apropriadas para o fim do caminho. A classificação que adotei é, portanto, a seguinte: promessas para o início, para o transcorrer e para o fim da jornada.

É minha esperança que nossa caminhada através dessas promessas nos encha o coração com o renovado sentimento de admiração e respeito para com o Deus que promete. Que ele confira a vocês determinação para refletir sua glória e promover seu Reino, e que ele proporcione o ânimo que tantos cristãos precisam urgentemente nos dias atuais.

---

[6] *The Metropolitan Tabernacle Pulpit,* London: Pilgrim Publications, vol. XLVI, p. 17.

Primeira parte
Cristo e as promessas

Qualquer estudo acerca das promessas de Deus para a humanidade deve ser iniciado com o Senhor Jesus Cristo, pelos seguintes motivos: primeiro, Cristo é a maior promessa de Deus; segundo, se não fosse por ele, todos nós estaríamos em estado de alienação de Deus e não teríamos nenhuma promessa dele.

Ao associar as promessas a Cristo, Robert Traill diz que Cristo é "o canal por meio de quem elas fluem".[1] Trail explica que todas as promessas de Deus vêm "por intermédio de Jesus Cristo",[2] e acrescenta a seguinte palavra de cautela e advertência: "A pessoa que não vê Cristo em todas as promessas de Deus, tem a visão deturpada; não tem a visão correta de Cristo, a não ser que veja todas as promessas nele".[3]

Os capítulos seguintes examinam as conexões entre Cristo e as promessas de Deus. À medida que examinamos essas promessas, seremos capazes de vislumbrar o que Andrew Gray chama "visão tridimensional de Cristo".[4]

Primeiro, ficaremos maravilhados com a visão "do infinito e condescendente amor de Cristo",[5] que o constrangeu a deixar de lado a pompa da sua glória e humilhar-se a ponto de assumir a nossa humanidade para sempre. O que o influenciou a dar

---

[1] *Works*, p. 44.
[2] Ibid.
[3] Ibid., p. 44-5.
[4] *The works of the Rev. Andrew Gray*, Soli Deo Gloria Publications, p. 131.
[5] Ibid.

esse passo? Ele humilhou-se a si mesmo com o propósito de nos tirar do abismo do pecado e elevar-nos à alta posição de adotados na família do próprio Deus. Não existe amor maior.

Enquanto examinamos o papel de Cristo nas promessas, também ficaremos maravilhados com sua "fidelidade e imutabilidade".[6]

Nossos planos são caracterizados por ajustamentos e mudanças. O que planejamos hoje precisa ser modificado amanhã, mas com Deus não é assim. Os planos que ele traçou foram cumpridos por Cristo de forma tão perfeita e minuciosa que podemos repetir as palavras de Isaías ao Senhor: "Com grande perfeição tens feito maravilhas, coisas há muito planejadas" (Is 25.1).

Isso nos leva à visão da "onipotência"[7] de Cristo. Os planos traçados há tanto tempo só podem ser executados perfeitamente se quem os criou tiver poder perfeito.

O povo de Deus precisa muito dessa visão tridimensional de Cristo. Uma observação informal do cenário religioso moderno permite concluir que muitas pessoas estão servindo a um Cristo gravemente truncado. E elas são as perdedoras. Um Cristo em miniatura não evocará a fé robusta, e a fé anêmica nunca nos incitará a grandes façanhas por Deus ou nos capacitará a experimentar paz e alegria em meio às circunstâncias.

[6]Ibid.
[7]Ibid.

1
A PRIMEIRA GRANDE PROMESSA

Gênesis 3.15

R ichard Sibbes disse: "A promessa de Cristo é a primeira grande promessa, [...] de que ele se tornaria homem".[1] Ele se referia, obviamente, às palavras de Gênesis 3.15:

Porei inimizade entre você e a mulher,
entre a sua descendência e o descendente dela;
este lhe ferirá a cabeça,
e você lhe ferirá o calcanhar.

Estas palavras foram dirigidas pelo Senhor a Satanás depois de ter tentado Eva e ter incitado o casal à desobediência; elas foram pronunciadas na presença de Adão e Eva, principalmente para o benefício deles.

A NECESSIDADE DA PROMESSA

O resultado principal da desobediência de Adão foi sua alienação de Deus. Antes de pecar, Adão e Eva conheciam a Deus intimamente, mas o pecado mudou tudo isso. Nenhum aspecto de Adão e Eva deixou de ser afetado pelo pecado. A mente deles, que compreendia a verdade de Deus no início, foi obscurecida. Seu coração, que antes amava e aceitava a Deus, degenerou-se. A vontade deles, que outrora escolhera servir a Deus, agora estava insensibilizada.

[1] *Works*, vol. III, p. 388.

Não nos esqueçamos que o pecado nos afeta da mesma maneira que Adão e Eva. Sim, a Bíblia relata que Adão não era apenas um homem comum que agia por conta própria; ele era, na verdade, o representante de toda a raça humana. O que ele fez teve conseqüências para todos nós. Quando ele desobedeceu à lei de Deus, todos nós desobedecemos. Seu ato foi nosso ato. Portanto, todos nós chegamos a este mundo com uma natureza pecaminosa. Mentes obscuras, afeições degeneradas, vontades insensíveis — esse é o legado de nosso pai.

A PROMESSA FEITA

Seria perfeitamente justo da parte de Deus se ele lavasse as mãos em relação às criaturas caídas. Depois que Adão e Eva pecaram, Deus poderia ter se afastado deles e ninguém poderia ter levantado um dedo sequer em acusação contra ele. Mas, por meio da graça que deixa a mente perplexa, Deus rejeitou a idéia de se afastar deles. Foi ao jardim do Éden onde Adão e Eva estavam escondidos, procurou-os e revelou-lhes o plano para salvá-los da morte espiritual e da alienação e restaurá-los à comunhão com ele.

Esse plano girava em torno de uma pessoa. Em suas palavras a Satanás, Deus se referiu à "sua descendência" (no hebraico: "sua semente"), isto é, a semente da mulher. Em outras palavras, Deus estava prometendo enviar um homem. Estava essencialmente dizendo a Satanás: "Você trouxe o pecado à raça humana por meio de um homem, e eu providenciarei uma maneira de os pecadores serem perdoados dos pecados por meio de um homem".

Essa referência à "semente da mulher" deixa claro que o homem que Deus estava prometendo enviar, não seria um homem comum. Nas Escrituras a descendência sempre se baseia na linhagem masculina, mas o homem que Deus enviaria para prover redenção para os pecadores, surgiria de uma mãe humana, não de um pai humano. Quem Deus enviaria para cumprir essa obra maravilhosa? Seu próprio Filho, o Senhor Jesus Cristo, que nasceria da virgem Maria.

Além disso, Deus prometeu que haveria hostilidade contínua entre Satanás e todos os que lhe pertencem, e a "semente da mulher". O ódio de Satanás por Cristo culminaria em Satanás ferir o calcanhar de Cristo. Mas ao ferir o calcanhar de Cristo, a própria cabeça de Satanás foi esmagada. Na verdade estamos apresentando um belo quadro da cruz de Cristo. Parecia que Satanás tinha obtido uma grande vitória. Ele havia reunido todas as suas forças e obteve sucesso em convencer homens perversos a crucificar Jesus na cruz. Entretanto, o que parecia ser uma vitória poderosa para Satanás, acabou, na realidade, sendo a causa da sua ruína A morte de Cristo na cruz, na verdade, comprou a salvação das pessoas que Deus havia prometido ao Filho e foi o golpe mortal no reino de Satanás. John Stallings captou a essência dessa realidade nessas linhas memoráveis:

Veja meu Jesus na cruz, as pessoas chorando.
Vendo-o como homem seria uma tragédia.
Mas o que o mundo não podia ver
Quando o pregaram naquele madeiro,
É que esse ato quebraria as correntes
da escravidão do pecado.

A PROMESSA PREFIGURADA

Além de anunciar essa promessa na presença de Adão e Eva, Deus lhes mostrou o quadro da redenção que o Filho proveria. Ele fez isso ao matando animais e confeccionando roupas de pele para cobrir Adão e Eva (Gn 3.21)

Depois do pecado, Adão e Eva juntaram folhas de figueira para cobrir-se, mas, ao matar animais e confeccionar roupas, Deus rejeitou a tentativa deles de cobrir-se. Em resumo, Deus estava dizendo várias coisas a eles:

1. Para estar diante da minha santa presença vocês precisam estar vestidos.
2. Não existe nada que vocês possam fazer para vestir-se de maneira aceitável.

3. Eu mesmo vou providenciar o que é necessário para vocês estarem na minha presença.

4. O que estou provendo para vesti-los e torná-los aceitáveis diante de mim deve envolver o derramamento de sangue.

Por que o derramar de sangue foi necessário? Deus tinha dito que o salário do pecado é a morte. Adão e Eva tinham pecado, portanto o salário deveria ser pago. Ou eles mesmos teriam de pagá-lo ou outra pessoa teria de pagar em lugar deles. Ao matar os animais no jardim, Deus instituiu o princípio da substituição e retratou a natureza essencial do que Cristo faria para proporcionar a redenção. Os animais não haviam pecado, mas morreram para que Adão e Eva pudessem ser cobertos. O Senhor Jesus Cristo também jamais pecara, mas ao morrer em lugar dos pecadores, proveu proteção para os pecadores.

A PROMESSA CONSOLIDADA

Do momento em que Deus matou aqueles animais, o princípio da substituição tornou-se o tema central do Antigo Testamento. Os que esperavam com fé pelo substituto vindouro, Jesus Cristo, tinham os pecados perdoados e eram cobertos com o manto de justiça.

A substituição foi o ponto central da história de Caim e Abel. Abel creu na Palavra de Deus, a palavra que tinha sido primeiro passada a seus pais e a ele por meio dos pais. Abel chegou a Deus com base no derramamento de sangue de um substituto inocente. Caim, por outro lado, recusou-se a se aproximar de Deus do modo divino. Abel foi aceito e Caim rejeitado.

O conceito de substituição foi consolidado e confirmado por Deus na vida de Abraão. Abraão recebeu a ordem de sacrificar seu filho Isaque, mas Deus interveio e proveu um substituto para Isaque.

Deus também consolidou o ensino da substituição para toda a nação de Israel quando libertou o povo da escravidão no Egito. Cada israelita deveria sacrificar um cordeiro e passar o sangue na viga superior e nas laterais da sua porta. Quando o anjo do juízo do Senhor passou pela terra do Egito, quem estava nas casas marcadas com o sangue do cordeiro substitutivo foi salvo da morte.

Quando a nação de Israel estava a salvo fora do Egito, Deus fez do sacrifício de animais inocentes o componente principal da adoração. Por quê? Ao sacrificar os animais, as pessoas olhavam para o futuro, pela fé, para a vinda do substituto perfeito, que finalmente completaria a expiação pelo pecado.

Nós também encontramos esse tema da substituição na pregação dos profetas. Isaías, por exemplo, declarou que o Messias vindouro "como um cordeiro foi levado ao matadouro", e que por meio do ato de substituição "justificará a muitos" (Is 53.7,11). A idéia de perdão dos pecados por meio da morte de um substituto inocente permeia toda a antiga aliança. É o grande tema unificador do Antigo Testamento.

A PROMESSA CUMPRIDA

Finalmente, tudo culminou na vinda de Cristo. Paulo a descreve em Gálatas 4.4: "Mas, quando chegou a plenitude do tempo, Deus enviou seu Filho, nascido de mulher..."

Os animais do Antigo Testamento na verdade não podiam prover a expiação para o pecado. Serviam apenas como símbolo para representar a expiação. Como foi possível que Jesus fizesse o que esses sacrifícios de animais apenas vagamente podiam retratar? A resposta é que Jesus era homem e podia, portanto, representar os homens. Mas ele era mais que um homem. Ele era Deus em corpo humano. Por ser Deus, ele podia representar mais que um homem. Além disso, era sem pecado. Como não tinha pecados próprios para pagar, ele podia pagar os pecados dos outros.

Foi o que ele fez, cumprindo a promessa de Deus, na cruz do Calvário. Com a vinda de Jesus "a grande promessa" foi cumprida. A questão não é se Deus manteve sua promessa ao enviar o Salvador para os pecadores. Isso ele fez! O Senhor Jesus Cristo é o cumprimento dessa promessa. A grande questão é se nós recebemos o Cristo provido por Deus como o único sacrifício suficiente para os pecadores.

2
PROMESSAS DO ANTIGO TESTAMENTO CUMPRIDAS POR CRISTO

Lucas 24.27,44

D eus deu a Adão e Eva a promessa da vinda do Messias, mas não foi só isso. Ele continuou fornecendo várias promessas e figuras desse Messias vindouro. Essas promessas e figuras são tão numerosas que podemos concluir que o Antigo Testamento foi escrito para retratar o Senhor Jesus Cristo. Como sabemos que isso é verdade? Porque ele mesmo o afirmou.

CRISTO AFIRMA SER O CUMPRIMENTO

No dia em que ressuscitou, Jesus juntou-se a dois de seus discípulos na jornada de Jerusalém para Emaús. Esses homens estavam atônitos e confusos. Eles estavam convencidos de que Jesus era, na verdade, o Messias mas não admitiam a possibilidade de sua crucificação (Lc 24.17-21). Além disso, eles estavam perplexos com a notícia de que ele havia ressuscitado do sepulcro (Lc 24.22-24).

O Senhor Jesus repreendeu-os por sua perplexidade ao assegurar-lhes que tudo o que havia acontecido era na verdade o cumprimento das profecias do Antigo Testamento. Lucas diz o seguinte: "E começando por Moisés e todos os profetas, explicou-lhes o que constava a respeito dele em todas as Escrituras" (Lc 24.27).

Mais tarde naquele dia o Senhor Jesus apareceu a um grupo de discípulos em Jerusalém. Naquela ocasião, o Senhor disse: "Foi isso que eu lhes falei enquanto ainda estava com vocês:

Era necessário que se cumprisse tudo o que a meu respeito está escrito na Lei de Moisés, nos Profetas e nos Salmos" (Lc 24.44).

Temos, portanto, duas declarações explícitas do próprio Senhor de que ele é o tema e o foco de cada parte do Antigo Testamento.

MATEUS E LUCAS PROCLAMAM CRISTO COMO O CUMPRIMENTO

Quando começamos a examinar os relatos dos evangelhos sobre o Senhor Jesus e os comparamos com as profecias do Antigo Testamento, ficamos maravilhados com a precisão do seu cumprimento.

Pense por um instante no nascimento de Cristo. O relato de Mateus enfatiza repetidas vezes que tudo aconteceu como cumprimento preciso das profecias. Seus dois primeiros capítulos repetem a expressão "para que se cumprisse" três vezes (1.22; 2.15,23). Esses capítulos também contém as frases: "Então se cumpriu..." (2. 17) e "pois assim escreveu o profeta" (2.5).

Quais profecias do Antigo Testamento foram cumpridas naquela ocasião?

O nascimento virginal

Mateus primeiro cita o nascimento virginal (1.22,23). José e Maria ainda não estavam casados quando Maria "achou-se grávida" (1.18). Enquanto José estava meditando a respeito dessas coisas, um anjo lhe apareceu com as notícias espantosas de que Maria estava "grávida pelo Espírito Santo" (1.18, 20). Ela havia concebido por meio de um ato do Espírito Santo de Deus (Lc 1.35).

Esse ato do Espírito Santo tinha como propósito trazer a este mundo o Filho de Deus, "porque ele salvará o seu povo dos seus pecados" (Mt 1.21). E isso estava de acordo com o que o profeta Isaías havia anunciado séculos antes: "A virgem ficará grávida e dará à luz um filho, e lhe chamarão Emanuel..." (Is 7.14; Mt 1.23).

Nasceu Jesus de uma virgem? A evidência diz que sim. Lembre-se que Lucas se uniu a Mateus para confirmar o nascimento virginal. Esses evangelhos foram escritos apenas alguns anos após a morte de Jesus. Muitos dos que tinham estado intimamente ligados a José e Maria, e, portanto, conheciam as circunstâncias do nascimento de Jesus, ainda estavam vivos quando esses evangelhos começaram a circular. É muito provável que Maria ainda estava viva naquela época. Todas essas pessoas e a própria Maria teriam corrigido o registro se os relatos do nascimento virginal fossem meras invenções.

O relato de Lucas acerca do nascimento virginal é especialmente digno de nota porque ele era médico. Sua formação o teria tornado extremamente cético a respeito do nascimento virginal, mas ele nos apresenta o relato mais detalhado desse episódio!

O lugar do nascimento do Messias

Outro cumprimento da profecia do Antigo Testamento citado por Mateus diz respeito ao lugar do nascimento do Messias. O Antigo Testamento diz que seria em "Belém" (Mq 5.1). Todos os líderes religiosos convocados por Herodes prontamente concordaram — Belém era o lugar onde o Messias deveria nascer (Mt 2.4-6). Ninguém, por mais cético ou agnóstico que seja, em relação ao cristianismo, discute o fato de que Jesus nasceu na cidade de Belém.

Esse cumprimento não foi um mero fato. José e Maria eram de Nazaré, que ficava a mais de 110 quilômetros ao norte da vila de Belém, distância significativa naqueles dias.

Será que foi coincidência José e Maria estarem em Belém na noite exata em que o Senhor Jesus nasceria?

A resposta é dada por Lucas: "Naqueles dias César Augusto publicou um decreto ordenando o recenseamento de todo o império romano. Este foi o primeiro recenseamento feito quando Quirino era governador da Síria. E todos iam para a sua cidade natal, a fim de alistar-se. Assim, José também foi da cidade de Nazaré da Galiléia para a Judéia, para Belém, cidade de Davi, porque pertencia à casa e à linhagem de Davi. Ele foi a fim de alistar-se, com Maria, que lhe estava comprometida em casamento e esperava um filho" (Lc 2.1-5).

César Augusto poderia ter emitido um decreto para todos voltarem à respectiva cidade natal para serem recenseados em qualquer época, mas ele escolheu essa data que levaria José e Maria a Belém no exato momento em que Maria estava pronta para dar à luz a Jesus e cumprir a profecia de Miquéias. O tempo de Deus é perfeito!

O cumprimento dessas duas promessas — o nascimento sobrenatural de Jesus e o local desse nascimento — são impressionantes, mas como observamos, trata-se apenas do cumprimento de duas das promessas citadas em Mateus.

A matança das crianças e fuga para o Egito

Depois que Jesus nasceu, o rei Herodes ficou furioso com a idéia de que haveria um rei rival e ordenou que todos os meninos de dois anos para baixo fossem mortos em Belém e nas proximidades da cidade (2.16). Mateus também cita que esse episódio foi o cumprimento de uma profecia (2.18).

José e Maria fugiram para o Egito por causa do rancor de Herodes, mas depois da morte do rei, retornaram a Nazaré. Essa profecia do Antigo Testamento foi anunciada em Números 24.8; Oséias 11.1 e Jeremias 31.15. (Veja o seu cumprimento em Mt 2.13-15, 19-23).

A vida de Cristo

Depois do relato do nascimento de Cristo, Mateus começa a descrever a vida de Cristo, usando constantemente a expressão "para cumprir o que fora dito" (4.14; 8.17; 12.17; 13.14,35; 21.4; 27.35).

O primeiro desses textos fala da vinda do Senhor Jesus para a terra de Zebulom e Naftali, para cumprir a profecia encontrada em Isaías 9.1-2.

O segundo texto trata do ministério de cura de Jesus, cumprimento da profecia encontrada em Isaías 53.4. O terceiro texto também trata do ministério de Jesus e Mateus anuncia que é o cumprimento de Isaías 42.1-4 e Isaías 49.3. Os versículos de Mateus 13 tratam do ensino de Jesus por parábolas e declaram que fazem parte do cumprimento de uma série de profecias do Antigo Testamento (Sl 78.2; Is 6.9-10; Zc 7.11). Mateus encerra sua apresentação da vida de Jesus afirmando que a entrada triunfal de Cristo em Jerusalém é o cumprimento evidente de Zacarias 9.9.

A morte e a ressurreição de Cristo

Depois Mateus dedica-se à crucificação de Cristo e assegura que a divisão das suas vestes é o cumprimento de Salmos 22.18. Mas as declarações explícitas de Mateus de que o nascimento, a vida e a morte de Cristo eram o cumprimento de profecias é apenas o topo do *iceberg*. Precisamos lembrar que Mateus passa por alguns cumprimentos de profecias de Jesus sem explicitamente denominá-las assim. Tome como exemplo a crucificação de Jesus. Mateus menciona que deram "vinho misturado com fel" para beber (27.34), mas não menciona que esse episódio foi o cumprimento de Salmos 69.21.

Mateus também não menciona a ressurreição de Jesus como o cumprimento de uma profecia. Ele deixou isso para Lucas no relato das experiências da igreja primitiva. E Lucas o faz com convicção. Atos 2.25-31 afirma que a ressurreição de Jesus era o cumprimento de Salmos 16.8-11. Lucas escreve em Atos 13.33-35 que a ressurreição de Jesus é o cumprimento de Salmos 2.7, Isaías 55.3 e Salmos 16.10.

A PREGAÇÃO E ENSINO DA IGREJA PRIMITIVA

Lucas também menciona várias outras profecias que Jesus cumpriu e deixa claro que o cumprimento da profecia desempenhava parte importante na pregação e ensino da igreja primitiva (At 1.20; 2.16-21,34,35 3.22-26; 4.11, 25,26 etc.).

Não podemos esquecer que Mateus e Lucas não foram os únicos a enfatizar o aspecto do cumprimento da profecia do nascimento, da vida e da morte de Cristo. Esse é um tema recorrente no Novo Testamento.

Josh McDowell, no livro *Evidência que exige um veredito*, afirma que Jesus cumpriu mais de 300 profecias e prossegue demostrando como ele cumpriu 61 delas.[1]

A IMPORTÂNCIA DO CUMPRIMENTO

Por que o aspecto do cumprimento da profecia é tão importante? Não pode haver dúvida quanto a resposta dessa pergunta. Ele prova sem a menor sombra de dúvida que o bebê no estábulo em Belém não era um bebê comum. A Bíblia diz que ele era Deus em carne humana.

Esse é, na verdade, o testemunho uniforme dos apóstolos. Paulo coloca essa imensa verdade no menor dos pacotes: "Deus em Cristo" (2Co 5.19).

A apóstolo João, que esteve com o Senhor Jesus durante seu ministério terreno, resume essa verdade da seguinte forma: "Aquele que é a Palavra tornou-se carne e viveu entre nós. Vimos a sua glória, glória do Unigênito vindo do Pai, cheio de graça e de verdade" (Jo 1.14).

Sim, Jesus foi um homem real, mas quando João e os outros discípulos que o observaram bem de perto perceberam, ele era mais que um homem. Eles viram naquele ser humano real o lampejo da glória do próprio Deus. João e os outros apóstolos teriam concordado prontamente com as linhas imortais de Charles Wesley:

> Veja a divindade coberta pela carne,
> Salve, o Deus encarnado!

[1] 2. ed., São Paulo: Candeia, 1999, p. 181-212.

O que os discípulos de Jesus viram brilhar por meio da humanidade dele os compeliu a adorá-lo como o próprio Deus. À medida que lemos os relatos dos evangelhos a respeito da vida de Jesus e vemos neles o cumprimento cuidadoso de uma profecia após a outra, contemplamos a mesma glória de Deus brilhando na vida de Cristo. A única maneira apropriada de reagir a essa glória é inclinar-se diante dele em adoração, louvor e submissão, repetindo com Wesley: "Salve, o Deus encarnado!".

3
CRISTO E O CUMPRIMENTO DE ISAÍAS 53

Isaías 53.1-12

É quase impossível falar sobre Cristo e o cumprimento das promessas do Antigo Testamento sem mencionar esse capítulo tão conhecido. Os escritores do Novo Testamento reconheceram esse texto como uma das maiores profecias a respeito de Cristo e se referem a ele ou o citam diversas vezes.

Esse capítulo faz parte de um dos quatro "Cânticos do Servo" descritos na segunda parte de Isaías (42.1-9; 49.1-7; 50.4-11; 52.13—53.12). Embora esses cânticos sejam em parte o cumprimento da história da nação de Israel, o cumprimento final obviamente se encontra em Cristo.

O capítulo 53 de Isaías contém promessas sobre a vida de Cristo, sua morte e os resultados dela.

PROMESSAS A RESPEITO DA VIDA DE CRISTO

As profecias a respeito da vida de Cristo (v. 2,3) são essencialmente de dois tipos. Primeiro, lemos que não havia nada atraente nele para os que o rejeitaram; segundo, quem o recebeu o viu de uma perspectiva radicalmente diferente.

Isso é facilmente demonstrado pelos relatos dos evangelhos acerca da vida de Jesus. Os judeus tinham todo tipo de idéias maravilhosas acerca do futuro Messias, mas Jesus desapontou-os em cada ponto de suas expectativas.

Por exemplo, os judeus esperavam que o Messias tivesse origem nobre, mas Jesus surgiu num contexto comum e inexpressivo, "como uma raiz saída de uma terra seca" (v. 2). Ele cresceu em uma carpintaria humilde em Nazaré. Que combinação — um ofício humilde numa vila humilde! É difícil imaginar que esse fosse o ambiente do Messias!

Parece que os judeus também esperavam que seu Messias fosse atraente e admirável em sua aparência, mas Jesus "não tinha qualquer beleza ou majestade que nos atraísse, nada havia em sua aparência para que o desejássemos" (v. 2). Como sabemos que isso é verdade? De tudo que o Novo Testamento relata a respeito de Jesus, não existe uma única indicação de que ele não fosse alguém comum quanto à aparência.

Os judeus também esperavam que o Messias fosse uma pessoa alegre e extrovertida, que facilmente conquistaria um grande número de seguidores. Mas Jesus provou ser "um homem de dores e experimentado no sofrimento" e "desprezado" pelos homens.

As dores experimentadas por Jesus são evidentes nos evangelhos (Lc 19.41-44; 22.44; Jo 11.35), bem como o desprezo e a rejeição dos homens (Jo 1.11; 5.40; 6.60,66). Muito dessa dor era devia ao fato de ele carregar as tristezas e dores dos que estavam ao seu redor. Mateus declara especificamente que o ministério de cura de Cristo não era nada mais do que o Messias tomar sobre si as enfermidade e doenças da humanidade carregada de pecado (Mt 8.17).

Junto com a profecia de Isaías sobre como a maioria das pessoas veria a vida de Jesus, também lemos como os que cressem nele o veriam. Os judeus incrédulos dos dias de Jesus não viram nada de extraordinário no nascimento ou na pessoa de Jesus, mas o olho da fé reconhece que, mesmo no ambiente humilde e vida comum, Jesus crescia "como um broto tenro" diante de Deus, o Pai (v. 2). O Pai o enviara para uma missão especial e cada dia ele se satisfazia em ver o desenvolvimento constante de Jesus no cumprimento fiel dessa missão.

PROMESSAS A RESPEITO DA MORTE DE CRISTO

A maior parte de Isaías 53 trata da morte de Cristo (v. 4-12). O cumprimento dessas profecias por Cristo é facilmente demonstrado. Considere os seguintes aspectos da profecia de Isaías. Ele diz que o Messias...

- seria transpassado por causa das nossas transgressões, esmagado por causa das nossas iniqüidades e suas feridas nos curariam (v. 5);
- não abriria a sua boca diante dos seus acusadores (v. 7);
- seria enterrado no sepulcro de um rico (v. 9);
- seria inocente de qualquer violência ou mentira (v. 9);
- seria contado entre os transgressores (v. 12);
- intercederia pelos transgressores (v. 12).
- Tudo isso estava de acordo com o plano de Deus: Deus o afligiria (v. 4), faria cair sobre ele a nossa iniqüidade (v. 6) e o esmagaria (v. 10).

Os escritores do Novo Testamento defendem e afirmam energicamente que cada uma dessas sete profecias foi cumpridas por Cristo.

Pedro diz que o Senhor "levou em seu corpo os nossos pecados sobre o madeiro" em seguida cita especificamente a frase de Isaías: "por suas feridas vocês foram curados" (1Pe 2.24).

Mateus declara especificamente que Jesus "permaneceu em silêncio" diante de seus acusadores (Mt 26.63).

Mateus também ressalta que Jesus foi sepultado no túmulo de um homem rico (Mt 27.57-60).

Pedro afirma que Jesus era inocente de qualquer pecado cumprindo assim as palavras de Isaías (1Pe 2.22).

Marcos declara que a crucificação de Jesus entre dois ladrões era o cumprimento da profecia de Isaías que dizia que o Messias seria contado entre os transgressores (Mc 15.28).

Lucas menciona que Jesus orou por aqueles que o crucificaram, o cumprimento óbvio da afirmação de Isaías de que o Messias intercederia por seus transgressores (Lc 23.34). O próprio Jesus insistiu em inúmeras ocasiões que tudo o que ele fazia estava em conformidade com o plano de Deus (Jo 5.30; 8.42; 18.11).

PROMESSAS ACERCA DOS RESULTADOS DA MORTE DE CRISTO

A profecia de Isaías nos conduz além da vida e morte de Cristo, ou seja, seus resultados. A frase, "e prolongará seus dias" (v. 10), aponta para a ressurreição de Cristo. A morte de Cristo não era o fim dele. No terceiro dia, ele ressuscitou do túmulo e agora clama triunfantemente através dos séculos: "Estou vivo para todo o sempre!" (Ap 1.18).

Isaías também profetizou que a morte do Messias não seria em vão, mas seria a maneira de muitos serem justificados (v. 11). A palavra "justificar" é um termo jurídico. Ser justificado significa que um juiz nos pronunciou justos e, portanto, não estamos sujeitos a nenhuma punição. Justificação é o oposto de condenação.

A Bíblia diz que Deus é santo e deve julgar o pecado. Mas ele também é gracioso e amoroso e deseja, portanto, perdoar pecadores. O grande dilema para Deus, se podemos nos expressar dessa maneira, era como julgar o pecado e ao mesmo tempo justificar os pecadores culpados. A justiça requeria que ele julgasse o pecado. Ele se comprometeu a julgar o pecado e se ele tivesse se negado a fazê-lo, teria comprometido seu caráter santo. Mas a graça, por outro lado, exigia que Deus encontrasse uma forma de libertar o pecador.

A cruz é a resposta de Deus para as exigências da justiça e da graça. A justiça foi satisfeita quando Jesus recebeu o castigo que ela exigia, e a graça também foi satisfeita no sentido de que quem se apropriava do pagamento de Cristo pelo pecado não precisava mais pagar o castigo. Jesus Cristo pagou o castigo no lugar dele.

Isso nos leva a mais um aspecto da profecia de Isaías, a saber, que a morte do Messias serviria para expiar os pecados da humanidade. Os verdadeiros cristãos são as sementes de Cristo. Eles são o resultado da morte de Cristo. O Pai os deu a ele na eternidade, e por meio da morte substitutiva ele pagou pelos pecados deles e os comprou para si mesmo.

Temos, portanto, muitas respostas impressionantes no capítulo 53 de Isaías. Mas por que traçamos esses paralelos? Será que o fizemos para ficarmos maravilhados com a riqueza desse texto? Vai muito além disso. O cumprimento detalhado da profecia de Isaías em Cristo prova sem dúvida alguma que ele é o Redentor prometido por Deus a Adão e Eva.

Precisamos destacar mais um aspecto. Deus foi tão cuidadoso em cumprir por meio de Cristo todas as profecias que anunciou por meio de Isaías que podemos ter certeza de que ele cumprirá todas as suas outras promessas também.

4
AS PROMESSAS DE DEUS EM CRISTO

2Coríntios 1.20

'*P*ois quantas forem as promessas feitas por Deus, tantas têm em Cristo o 'sim'. Por isso, por meio dele, o 'Amém' é pronunciado por nós para a glória de Deus". Essas palavras fazem parte da resposta de Paulo à acusação que tinha sido levantada contra ele pelos coríntios. Ele não pôde de fazer uma visita planejada à igreja de Corinto e isso fez com que algumas pessoas o acusassem de ter sido leviano. Em outras palavras, eles tomaram a mudança de planos de Paulo como prova de que ele não era digno de confiança. Estavam dizendo que quando Paulo dizia "sim" realmente queria dizer "não" e vice-versa. Paulo apenas afirmou que pertencia completamente àquele que era fiel a Deus. Paulo não podia servir o Cristo fiel sem ser fiel.

Ao defender-se contra as acusações de leviandade, Paulo revela duas coisas muito importantes e significativas a respeito das promessas de Deus. Primeiro, as promessas de Deus são todas "em Cristo"; e, segundo, as promessas de Deus em Cristo são todas "sim" e "Amém".

Qual era a intenção de Paulo ao dizer que as promessas de Deus são "em Cristo"? Como devemos entender essa citação? Em que sentido podemos dizer que as promessas de Deus são "em Cristo"? Richard Sibbes disse: "Todas as promessas são o próprio Cristo, por meio de Cristo, a partir de Cristo ou para Cristo".[1]

Podemos dizer, então, que cada promessa de Deus tem ligação com o Senhor Jesus Cristo. Isso não nos deveria surpreender. No dia em que ressuscitou, o Senhor Jesus caminhava com dois dos seus discípulos de Jerusalém para Emaús. Lucas conta que enquanto caminhavam, o Senhor Jesus "explicou-lhes o que constava a respeito dele em todas as Escrituras" (Lc 24.27). Encontramos as promessas de Deus nas Escrituras, e as Escrituras falam a respeito de Jesus Cristo. Ele é o tema e o centro da Palavra de Deus e, portanto, o tema e o centro de todas as promessas de Deus.

Já vimos que Cristo é a maior de todas as promessas, e mencionamos algumas profecias que foram cumpridas com seu nascimento, vida e morte. Vamos considerar agora as outras ligações entre Cristo e as promessas de Deus. Usaremos as expressões propostas por Richard Sibbes como guia.

PROMESSAS POR MEIO DE CRISTO

Sibbes disse que as promessas de Deus vêm "por meio de Cristo". Isso significa que Cristo é o canal ou o agente por meio de quem Deus faz promessas ao seu povo.

As pessoas hoje não se importam muito com esse ensino, mas é claro na Bíblia que não temos nenhuma posição diante de Deus, nem podemos esperar receber dele coisa alguma, a não ser por meio do Senhor Jesus Cristo. Ele é, para usar outra frase de Sibbes, quem "que liga céu e terra".[2] Se tirarmos Cristo do quadro não teremos absolutamente nenhum ponto de contato com Deus.

O apóstolo Paulo declara essa verdade de maneira poderosa nessas palavras: "Pois há um só Deus e um só mediador entre Deus e os homens: o homem Cristo Jesus" (1Tm 2.5). A palavra "mediador" significa alguém que se coloca entre dois grupos

[1] *The works of Richard Sibbes,* Edinburgh: Banner of Truth Trust, vol. III, p. 388.
[2] Ibid., p. 387.

divergentes e realiza a reconciliação. De acordo com as Escrituras, Deus e o homem são dois grupos divergentes. Deus é o grupo ofendido. O pecado que Adão trouxe para a nossa raça é uma afronta a Deus. A criatura insurge-se contra seu Criador e essencialmente diz: "Eu não quero que tu sejas Deus. Eu quero ser Deus". O pecado não é uma questão insignificante. Ele é, na verdade, o sacudir os punhos diante de Deus. É inimizade com Deus.

As pessoas hoje em dia têm grande dificuldade para entender a gravidade do pecado. Não compreendem por que Deus simplesmente não os descarta como uma brincadeira tola de crianças desobedientes. Por que as pessoas são tão descuidadas quanto ao pecado? Porque elas falham em ver a natureza de Deus. A Bíblia diz que Deus é santo e justo. Seu caráter exige que ele julgue o pecado. Ignorar o pecado seria o mesmo que negar-se a si mesmo. Isso ele não pode fazer. Quando entendemos a santidade de Deus, não temos mais problemas para compreender ver por que não podemos receber algo das suas mãos enquanto estivermos vivendo em pecado.

Eis, portanto, a grande pergunta, a pergunta feita de geração em geração: "De que maneira o pecador pode ficar limpo e sem culpa diante do Deus santo?". E a resposta se encontra na palavra "mediador". Alguém precisava se colocar entre nós e Deus e trazer paz e reconciliação. Essa foi a obra do Senhor Jesus Cristo. Ele é o mediador entre pecadores e o Deus santo. Ele tornou possível ficarmos em paz com Deus. De que maneira? Como já mencionamos, ele se colocou no lugar do pecador como substituto e tomou sobre si o castigo que a justiça de Deus exigia.

Aqui está algo glorioso: A justiça de Deus exige o pagamento pelo pecado uma única vez, e uma vez que o pagamento foi realizado a justiça de Deus é satisfeita. Quando Jesus Cristo ficou em meu lugar e levou sobre si a ira de Deus, a justiça de Deus foi satisfeita definitivamente. Deus agora não exige que eu pague pelos mesmos pecados que Cristo já pagou.

As palavras conhecidas de Augustus Toplady descrevem tão bem esse aspecto:

> Se tu obtiveste a minha completa absolvição,
> E livremente sofreste em meu lugar

Toda a ira divina;
Deus não pode exigir duplo pagamento —
Primeiro das mãos sangrentas do meu Fiador,
E depois novamente de mim.

Visto que Cristo serviu como mediador e removeu o pecado que nos colocava em desarmonia com Deus, podemos receber as bênçãos de Deus e suas promessas — tudo por meio de Cristo.

PROMESSAS DE CRISTO

Sibbes também disse que as promessas de Deus são "de Cristo". Esta expressão apresenta uma ênfase levemente diferente. As promessas de Deus são "por meio de" Cristo porque ele removeu a inimizade entre o seu povo e Deus e tornou possível para eles receberem suas promessas. Mas a preposição "de" implica que o próprio Cristo é o doador dessas promessas para nós. Deus dá as promessas, ele recebe essas promessas em nosso favor e as dá para nós. Sibbes disse: "Todas as promessas para nós são feitas a Cristo, e transmitidas de Cristo para nós...".[3]

Alexander A. Hodge escreveu: "Os benefícios adquiridos pela aliança estão postos nas mãos de Cristo para serem concedidos a seu povo como dádivas gratuitas e soberanas".[4]

Como Deus fez de Adão o representante de toda a raça humana, e nós recebemos dele tudo o que ele fez nessa condição; assim ele fez de Cristo o segundo representante da humanidade — todos os que o recebem como Salvador e Senhor — e recebem dele tudo o que ele tem feito por eles nessa condição.

O apóstolo Paulo considera o seguinte na sua carta aos gálatas: "Assim também as promessas foram feitas a Abraão e ao seu descendente. A Escritura não diz: 'E aos seus descendentes', como se falando de muitos, mas: 'Ao seu descendente', dando a entender que se trata de um só, isto é, Cristo" (Gl 3.16).

---

[3] *Works*, p. 387.
[4] *Esboços de teologia*, São Paulo: Publicações Evangélicas Selecionadas, 2001, p. 516.

O ensino de Paulo é claro. As promessas de Deus são feitas, não para muitas pessoas ("descendentes" ou "sementes"), mas para um, para um somente (o "descendente"). Esse descendente é o próprio Cristo. Todas as promessas de Deus são feitas para ele, e somente para ele, como o representante do seu povo. Seu povo, então, compartilha dessas promessas simplesmente porque Jesus as recebeu de Deus a favor do povo.

Essa preposição "de" também pode nos levar a outro nível. Não somente significa que o Senhor Jesus nos dá as promessas de Deus, mas também pode significar que ele nos dá o poder de satisfazer as condições que estão ligadas a algumas dessas promessas. Andrew Gray escreveu: "Cristo nos deu forças para obedecer a condição que está agregada à promessa; e Cristo infundiu graça habitual em nós, por meio da qual podemos ser ajudados a exercer fé nas promessas: Assim [...] se Cristo não nos ajudasse, jamais creríamos na promessa".[5]

PROMESSAS PARA CRISTO

Isso nos leva à parte final da frase de Sibbes: "para Cristo". Qual é o propósito de Deus em tudo isso? Por que estabeleceu que suas promessas deveriam ser compradas por Cristo? Por que determinou dar suas promessas a Cristo como representante do seu povo?

A resposta vem de Paulo. Ele diz de Cristo: "Ele é a cabeça do corpo, que é a igreja; é o princípio e o primogênito dentre os mortos para que em tudo tenha a supremacia" (Cl 1.18).

Na carta aos Filipenses, o apóstolo diz de Cristo: "Por isso Deus o exaltou à mais alta posição e lhe o nome que está acima de todo nome, para que ao nome de Jesus se dobre todo joelho, nos céus, na terra e debaixo da terra, e toda língua confesse que Jesus Cristo é o Senhor, para a glória de Deus Pai" (Fl 2.9-11).

The works of the Rev. Andrew Gray, p. 127.

O grande propósito de Deus em centralizar tudo em Cristo é que Cristo tenha a preeminência em todas as coisas, e pela preeminência de Cristo o próprio Deus seja glorificado.

Cristo é a maior de todas as promessas. As promessas são por meio de Cristo. As promessas são de Cristo. As promessas são para Cristo. Tudo é de Cristo!

A IMPORTÂNCIA DE SER CRISTOCÊNTRICO

Que efeitos essas verdades deveriam ter sobre nós? Elas nos levariam a fazer algumas perguntas perscrutadoras e investigativas. Em primeiro lugar, devemos nos perguntar se realmente estamos em Cristo. Essa é a pergunta mais importante e urgente. Em Cristo recebemos todas as promessas de Deus, mas sem Cristo somos estranhos a elas.

Se estamos em Cristo, devemos fazer-nos algumas outras perguntas. Compreendemos realmente o tamanho da nossa dívida para com Cristo? Estamos firmemente alicerçados à verdade como ela é em Cristo? Estamos maravilhados com o que Cristo fez por nós? Estamos inflamados com o amor de Cristo? Estamos centralizados em Cristo quanto ao modo de pensar e agir? Nossa adoração está centralizada em Cristo ou quando adoramos estamos procurando ser entretidos? Partilhamos Cristo com outras pessoas?

A igreja precisa urgentemente tornar a perceber que ela deve tudo a Cristo. Isso purificará sua vida e revigorará seu testemunho.

5
CRISTO: A GARANTIA DAS
PROMESSAS DE DEUS

2Coríntios 1.20

Nesse versículo, como mencionamos no capítulo anterior, o apóstolo faz duas afirmações: primeiro, todas as promessas de Deus estão em Cristo; segundo, todas as promessas de Deus têm o "sim" e o "amém" nele. No capítulo anterior, vimos o que significa dizer que as promessas de Deus estão em Cristo. Agora veremos o que significa dizer que as promessas têm o "sim" e o "amém" em Cristo.

O AUGE TRIUNFANTE DE UM CUMPRIMENTO MUITO ESPERADO

A primeira promessa de Deus à humanidade foi para Adão e Eva no jardim do Éden. Era a promessa que Cristo viria para conceder salvação eterna para todos os que o aceitam como Senhor e Salvador. Cristo veio vários séculos depois do anúncio daquela promessa, e muitas vezes essa promessa parecia nunca se cumprir.

Adão e Eva devem ter questionado acerca do seu cumprimento. Quando Caim nasceu, Eva disse: "Com auxílio do Senhor tive um filho homem" (Gn 4.1). Essa declaração indica que Eva pensava que seu primogênito, Caim, seria o cumprimento da promessa que Deus tinha feito a ela e a Adão. Mas, longe de ser o cumprimento da promessa, Caim nem ao menos a aceitou, e tornou-se tão hostil à promessa que matou o próprio irmão Abel. Adão e Eva subitamente ficaram com

46 O Deus de palavra

apenas um filho, o filho que havia se rebelado contra a promessa. Mas Deus logo lhes deu outro filho, Sete, e a promessa estava assegurada.

Passaram-se muitos anos, e o mundo tornou-se tão perverso que parecia que ia sucumbir sob o peso da própria perversidade. Jonathan Edwards descreve esse período da seguinte maneira: "Parece que Satanás se encontrava muito furioso pouco antes do Dilúvio, e o objeto dessa fúria indubitavelmente era, como sempre foi, a igreja de Deus [...] e a igreja ficou reduzida a apenas uma família. A única perspectiva era a consumação total da igreja e isso em pouco tempo — a destruição completa da pequena raiz que levava em si a bênção, a família de onde o Redentor surgiria".[1] Mas Deus preservou essa "pequena raiz" ao manter a salvo Noé e sua família na arca, enquanto o resto do mundo perecia no grande Dilúvio.

Mais tarde Deus escolheu a família de Abraão por meio da qual a promessa de Cristo deveria ser cumprida. Houve muitas situações em que parecia certo que a família de Abraão seria eliminada, e, com ela, a promessa do Messias. Mas Deus preservou a família de Abraão e sua promessa. Ele cuidou para que os descendentes de Abraão não fossem destruídos pelos cananeus que habitavam ao seu redor, mesmo tendo havido situações em que isso parecia provável (Gn 35.1-5). Quando uma fome severa ameaçou a existência da família eleita, Deus tinha José no Egito para preservá-la (Gn 50.20).

Depois que a família se estabeleceu no Egito sob cuidados de José, tornou-se uma grande nação. Edwards fala desse tempo: "Essa foi a terceira vez que a igreja de Deus quase foi engolida e arrastada pela maldade do mundo; uma vez, antes do Dilúvio; depois, antes do chamado de Abraão; e agora, pela terceira vez, no Egito. Mas, ainda essa vez, Deus não permitiu que sua igreja fosse esmagada: continuou a salvá-la, como a arca no Dilúvio, e como salvou Moisés no cesto feito de juncos, quando corria

[1] *The works of Jonathan Edwards*, The Banner of Truth Trust, vol. 1, p. 546.

CRISTO: A GARANTIA DAS PROMESSAS DE DEUS 47

grande perigo de ser engolido pelas águas. A verdadeira religião continuou com alguns; e Deus continua tendo um povo, mesmo nesta época miserável, corrupta e sombria".[2] Poderíamos continuar interminavelmente. Durante o tempo dos juízes, a apostasia corria solta na nação de Israel, mas Deus continuou preservando seu povo e sua promessa.

Séculos mais tarde a idolatria se tornou tão desmedida entre o povo que Deus os enviou para o Cativeiro na Babilônia durante setenta anos. Ali parecia que o povo finalmente seria engolido por aquela cultura, e tudo o que Deus havia planejado fazer fracassaria. Contudo Deus preservou o seu povo ali e o trouxe de volta para sua terra e restabeleceu-o como nação.

Então veio o que denominamos "período intertestamentário" (ou "período interbíblico), o longo intervalo de 400 anos no qual Deus parou de falar com seu povo. Durante esse tempo, parecia que o próprio Deus tinha esquecido sua promessa, que não estava mais interessado em confirmá-la ou cumpri-la. Mas não foi assim. O Novo Testamento tem início com Deus dialogando com Maria, José, Isabel e Zacarias. Sua mensagem provava a eles que sua promessa não era nula e vazia. Ela continuava valendo. Isabel seria a mãe do precursor do Messias, e Maria seria a mãe do próprio Messias (Mt 1; Lc 1).

Desse modo, certa noite, perto da vila de Belém, alguns pastores ficaram maravilhados com a aparição de um anjo que anunciou notícias gloriosas: "Não tenham medo. Estou lhes trazendo boas novas de grande alegria, que são para todo o povo; Hoje, na c-idade de Davi, lhes nasceu o Salvador, que é o Cristo, o Senhor" (Lc 2.10-11).

O Messias tão esperado finalmente chegara! Quando Cristo entrou na história da humanidade como mero bebê, era como se ele estivesse proclamado em alta voz: "Sim, a promessa de Deus está se cumprindo". Era como se ele gritasse um trovejante

[2]Ibid., p. 546.

"Amém, é verdade", para a promessa que Deus havia pronunciado. Ele era, portanto, o "sim" e o "amém" da promessa de Deus.

A DEDUÇÃO INEVITÁVEL

A promessa de Cristo é, obviamente, a maior promessa de Deus. É, como vimos, o que Richard Sibbes denominou "grande" promessa. É a promessa da qual todas as outras promessas dependem.

Isso nos leva à dedução inevitável. Se, no nascimento de Jesus, Deus cumpriu a maior de todas suas promessas, podemos descansar confiantes de que todas suas outras promessas também são confiáveis. Se ele cumpriu a maior promessa, por que não haverá de cumprir todas as outras? A vinda de Cristo é, por si só, a maior garantia da confiabilidade de todas as outras promessas de Deus.

Deus prometeu grandes coisas para cada um dos seus filhos. Ele prometeu caminhar conosco durante nossa vida neste mundo e então nos levar para sua casa no Reino de indizível glória e esplendor. Mas nós vivemos em um mundo de ceticismo e dúvida, e, se não tivermos cuidado, eles podem nos "contagiar". É possível ser cristão sem estar firme na fé ou cheio de alegria.

O que o cristão deve fazer para manter a fé firme e a alegria abundante? Confiar nas promessas de Deus. E como o cristão pode estar totalmente convencido da certeza das promessas de Deus? Olhe para o Senhor Jesus Cristo! Ele foi, e é, apesar das aparentes impossibilidades, o cumprimento da maior promessa de Deus e é, portanto, a garantia do cumprimento de todas as outras promessas.

Quando a nação de Israel finalmente estabeleceu-se na terra de Canaã o povo olhou para trás e se lembrou de todas as experiências, José disse: "De todas as boas promessas do SENHOR à nação de Israel, nenhuma delas falhou; todas se cumpriram" (Js 21.45; 23.14).

E quando o rei Salomão dedicou o templo, ele pôde dizer: "Bendito seja o SENHOR, que deu descanso a Israel, o seu povo, como havia prometido. Não ficou sem cumprimento nem uma de todas as boas promessas que ele fez por meio do seu servo Moisés" (1Rs 8.56).

Esses homens usaram uma linguagem categórica. Eles não afirmaram meramente que Deus tinha cumprido a maioria de suas promessas, mas que ele manteve cada palavra de cada uma de suas promessas.

Quando o povo de Deus finalmente chegar ao fim da sua jornada e olhar para trás, certamente vai concordar com Josué e Salomão. Nenhuma só promessa falhou. Podemos confiar no Deus que enviou Cristo para fazer tudo o que prometeu.

Segunda parte
Promessas para o início da jornada

O cristão é um peregrino. O apóstolo Paulo diz: "A nossa cidadania, porém, está nos céus, de onde esperamos ansiosamente o Salvador, o Senhor Jesus Cristo" (Fl 3.20). O apóstolo Pedro referiu-se aos seus leitores como "peregrinos" (1Pe 1.1), e o autor de Hebreus chama os santos do Antigo Testamento de "estrangeiros e peregrinos na terra" (Hb 11.13).

Um hino antigo coloca a mesma verdade de maneira singular:

> Esse mundo não é o meu lar,
> Sou apenas um peregrino.
> Meu tesouro está guardado
> Em algum lugar além do [céu] azul.

Cada jornada tem três partes — a saída de algum ponto, a chegada a outro ponto e a distância entre os dois pontos. A vida cristã pode ser dividida nessas mesmas três categorias. O cristão tem um ponto de partida. Ele não nasceu cristão e, junto com todos os outros, veio a esse mundo como cidadão do reino de Satanás, ou, para usar o termo de João Bunyan, como cidadão da Cidade da Destruição.

Como então, o cristão saiu dessa infeliz coletividade? De que maneira ele começou sua jornada na estrada para a vida eterna? A resposta é que ele ouviu falar das boas novas, das gloriosas boas novas. O Rei do Reino da vida e da luz tem feito promessas a todos os cidadãos do reino de Satanás que estão dispostos a aceitá-las.

Esta segunda parte contempla algumas das promessas que chegam aos ouvidos do pecador quando Deus o tira da Cidade da Destruição e coloca seus pés na vereda da vida.

6

A PROMESSA DE SALVAR
O PECADOR QUE CRÊ

Romanos 10.1-13

A A palavra "salvo" ocorre com freqüência no Novo Testamento. Aparece três vezes nesse texto (v. 1,9,13) e a palavra "salvação" ocorre uma vez (v. 10). Todos entendem o significado da palavra "salvo" no contexto físico. Significa que uma pessoa foi resgatada ou liberta de grande perigo. Pode-se dizer que ela passou da posição de perigo para o estado de segurança e bem-estar. Essa palavra significa exatamente a mesma coisa no reino espiritual.

O GRAVE PERIGO

Inicialmente, a Bíblia diz que todos nós estamos por natureza em um estado de extremo perigo. Isso porque todos nós deixaremos este mundo algum dia e compareceremos diante de Deus.

Para entender esse estado de perigo, devemos primeiro entender que Deus é perfeitamente santo e justo. A Bíblia repetidas vezes salienta essa verdade. Ela atribui santidade a cada pessoa da Trindade. Deus Pai é santo (Jo 17.11). Deus Filho é santo (Mc 1.24). O Espírito de Deus é chamado "Santo Espírito" não menos que 91 vezes na Bíblia.

O apóstolo João confirma a santidade de Deus nas seguintes palavras: "Esta é a mensagem que dele ouvimos e transmitimos a vocês: Deus é luz; nele não há treva alguma" (1Jo 1.5).

Quando nos dirigimos ao Antigo Testamento encontramos os serafins ao redor do trono de Deus proclamando: "Santo, santo, santo é o SENHOR dos Exércitos, a terra inteira está cheia da sua glória" (Is 6.3). Quando voltamos ao Novo Testamento lemos que existem quatro seres viventes ao redor do trono de Deus proclamando dia e noite sem cessar: "Santo, santo, santo é o Senhor, o Deus todo-poderoso..." (Ap 4.8).

Uma coisa é saber que Deus é santo, outra bem diferente é compreender o significado dessa santidade. Em primeiro lugar, a santidade de Deus significa que ele não pode tolerar nem fazer concessões ao pecado. A maioria de nós nem ao menos tem idéia ou compreensão da completa e absoluta repugnância que Deus sente em relação aos nossos pecados. A Bíblia retrata isso de maneira bem figurada. Ela nos diz, por exemplo, que Deus "é fogo consumidor". Ele "queima" de indignação em relação aos nossos pecados (Hb 10.27; 12.29). Ela também nos diz que Deus sente aversão pelo pecado a ponto de vomitar (Lv 18.25-28; 20.22,23; Ap 3.16).[1]

Isso inevitavelmente nos leva a outro aspecto. Se Deus detesta nossos pecados de tal maneira aqui e agora, podemos estar absolutamente certos de que ele não vai tolerá-lo no céu. O apóstolo João escreve a respeito da cidade celestial: "Nela jamais entrará algo impuro, nem ninguém que pratique o que é vergonhoso ou enganoso..." (Ap 21.27).

Um poeta expressou o ensino de João nessas linhas:

> Existe uma cidade esplendorosa;
> Suas portas estão fechadas para o pecado;
> Nada que manche,
> Nada que manche,
> Jamais entrará nela.

Para entendermos o estado do perigo em que nos encontramos, devemos entender que somos tudo menos justos e

---

[1]Jonh R. W. STOTT, *A cruz de Cristo*, São Paulo: Vida, 1991, p. 98.

santos. Deus requer retidão perfeita de nós, e não temos absolutamente nada para oferecer.

A carta de Paulo aos romanos define a nossa verdadeira condição de maneira clara. Quatro palavras resumem essa condição: depravação, inimizade, incapacidade e universalidade. *Depravação* significa que nenhuma parte de nós está livre da mancha do pecado. Paulo retrata nossa depravação ao compilar várias frases do Antigo Testamento (Rm 3.13-18). O produto final é declaração devastadora sobre a natureza do pecado. O que pode ser reconhecido com facilidade nessa declaração são as várias partes do corpo humano: garganta, língua, lábios, boca, pés e olhos. Paulo procura salientar que não importa como olhamos para o homem, não importa se o viramos para um lado ou para o outro, sempre veremos o pecado e a impureza nele.

Inimizade significa que por natureza estamos no estado de hostilidade em relação a Deus (Rm 8.7). Não somos apenas incapazes de satisfazer o padrão de Deus; ele, na verdade, nos ofende.

Inabilidade significa que o pecado nos prejudicou a tal ponto que não entendemos ou buscamos a Deus (Rm 3.11) O pecado nos incapacitou completamente. A mente do pecador está cega para a verdade de Deus (2Co 4.4); seu coração está alienado de Deus; por isso segue as "coisas terrenas" (Cl 3.2) e sua vontade está completamente escravizada (Jo 5.40).

Universalidade significa que todos nós, sem exceção, somos depravados, inimigos e incapazes segundo a descrição apresentada acima. Será que o pecado realmente é universal? Observe as palavras "nenhum", "ninguém" ou "todos" nos versículos abaixo, e você saberá a resposta de Paulo:

> Não há nenhum justo, nem um sequer;
> Não há ninguém que entenda;
> Ninguém que busque a Deus.
> Todos se desviaram, tornaram-se juntamente inúteis;
> Não há ninguém que faça o bem, não há nem um sequer
> (Rm 3.10-12).

Portanto, aqui está o nosso temível e grave perigo. Deus requer 100% de justiça da nossa parte antes de permitir nossa entrada no céu, e nós não temos nenhuma justiça para oferecer. Você já chegou a sentir o peso desse temível dilema? Tem a impressão que ninguém vai para o céu? O céu parece desesperadamente fora de alcance? Alguns podem argumentar que Deus não pode insistir na perfeita justiça como condição para entrar no céu, porque essa exigência tornaria o céu uma cidade fantasma!

LIBERTAÇÃO GRACIOSA

Com isso em mente, chegamos ao décimo capítulo de Romanos e à promessa nele contida. A primeira parte desse capítulo responde a grande questão de como podemos estar limpos e justos diante do Deus santo.

Teoricamente, existem duas maneiras de satisfazer a Deus segundo a retidão que ele exige, mas na realidade existe apenas uma. A primeira hipótese para satisfazer as exigências justas de Deus seria por meio da "justiça da lei" ou da "justiça de obras". Embora Deus não tenha dado a lei moral como meio de salvação, se alguém conseguisse guardar perfeitamente essa lei, seria justo (ou reto) aos olhos de Deus. Isso requereria que essa pessoa não pecasse uma única vez em palavra, mente, ou atos. Se alguém conseguisse fazer isso, estaria justificado diante de Deus. É isso que Paulo quer dizer quando cita Levítico 18.5: "O homem que fizer estas coisas viverá por meio delas" (Rm 10.5).

O problema todo, como vimos, é que o pecado tem um poder tão grande sobre nós que inevitavelmente seremos incapazes de guardar a lei de Deus. Os judeus achavam que podiam, e trabalhavam diligentemente para alcançar esse objetivo, mas tudo o que conseguiam era pensar que eram justos ou retos. Eles não chegavam nem próximos de alcançar a perfeita justiça exigida por Deus (v. 3). A "justiça da lei", portanto, é uma justiça hipotética simplesmente porque é impossível para seres humanos pecaminosos alcançá-la.

A PROMESSA DE SALVAR O PECADOR QUE CRÊ 57

Graças a Deus existe outro tipo de justiça à nossa disposição. É a "justiça da fé". Essa é a justiça que nós não podemos prover para nós mesmos. É a justiça providenciada pelo próprio Deus. De que maneira Deus providenciou essa justiça? Paulo responde ao dizer que "o fim da Lei é Cristo, para a justificação [no grego: justiça] de todo o que crê" (v. 4).

De que maneira Deus proveu a justiça por meio de Jesus Cristo? Em primeiro lugar, o Senhor Jesus Cristo viveu uma vida de perfeita obediência a Deus. Ele foi o único que alcançou a "justiça da lei". Não transgrediu a lei de Deus em nenhum ponto.

Depois de viver essa vida perfeita, o Senhor Jesus foi à cruz e morreu. Sua morte não foi uma morte comum. Foi, na verdade, "propiciação" (Rm 3.25). Isso significa que Jesus satisfez a ira de Deus em relação aos nossos pecados, levando sobre si o castigo por esses pecados.

Cristo supriu por meio da sua vida a justiça que nós precisamos, e por meio da sua morte ele pagou pelos pecados que nós cometemos.

De que maneira o que Cristo fez tem validade para nós? Aqui está a promessa: "Se você confessar com a sua boca que Jesus é o Senhor e crer em seu coração que Deus o ressuscitou dentre os mortos, será salvo" (Rm 10.9). É tudo pela fé! A fé ouve as boas novas a respeito da justiça que Cristo estabeleceu por meio da sua vida e a expiação que obteve por intermédio da sua morte; a fé aceita essas boas novas de todo o coração.

Fé significa confiar totalmente na obra acabada do Senhor Jesus Cristo como o único meio de satisfazer as exigências de Deus. A fé se submete e confia na justiça que Deus proveu por meio dele. A fé não encontra defeito no plano de Deus para a salvação, mas se deleita nele.

Para entendermos esse ponto, Paulo deixa a fé falar por si própria. Se posso colocar nestes termos: Paulo traz a fé para o púlpito e ela prega por si mesma.

O que a fé tem a dizer a respeito de si mesma? Qual é a palavra da evangelista chamada fé? É a seguinte: "Jesus Cristo fez tudo o que era necessário para sermos salvos. Não é necessário procurar no céu alguém para descer e providenciar a justiça que precisamos para ir para lá. Cristo já desceu e a providenciou para nós (v. 6). E ele já voltou para o céu para representar-nos diante de Deus (v. 7). A obra de salvação está completa!

Além disso, a fé declara que a palavra da salvação está próxima (v. 8). Cada vez que a mensagem do evangelho é pregada, a fé chega ao ouvido do pecador e diz: "A salvação não está lá longe. Ela está aqui agora nesta mensagem. Creia na palavra acerca de Cristo e receba a obra dele como a única esperança".

A mensagem de fé, portanto, diz que deveríamos confiar inteiramente na obra de Jesus Cristo, e, depois de crer descansar nela, confessá-la abertamente (v. 9-11).

É muito importante entender que a confissão anda de mãos dadas com a fé. Alguns pensam que possuem a fé salvadora se eles meramente crêem em seu coração, e que não é necessária a confissão pública. Outros pensam que podem confessar que seguem a Jesus como Senhor sem se comprometer com ele em seu coração. Paulo não concorda com nenhuma dessas posições. Ele diz que devemos observar as duas: a confissão da fé e a fé que confessa.

Quem ouve a mensagem da salvação, crê nela e a confessa abertamente, tem os seus pecados perdoados. Está salvo. Não precisa temer o dia em que estará diante do Deus santo porque foi vestido com a perfeita justiça do Senhor Jesus Cristo.

7
A PROMESSA DE SER
DEUS E PAI DE QUEM CRÊ

2Coríntios 6.16—7.1

A promessa divina de perdoar todos os que crêem em Cristo é maravilhosa, acima de quaisquer palavras. Se não tivéssemos outra promessa de Deus, já seríamos incomensuravelmente abençoados. Mas Deus foi muito além. Ele não só humilhou-se para nos tirar da miséria de nossos pecados, mas também nos colocou em um plano tão elevado que jamais poderíamos imaginar. Esse plano elevado é exposto na segunda Carta de Paulo aos coríntios.

Os cristãos em Corinto foram chamados para um negócio arriscado: caminhar sobre a corda bamba. Por um lado, eles foram orientados pelo Senhor Jesus Cristo a manter contato com as pessoas do mundo para que pudessem partilhar o evangelho com elas. Por outro lado, eles foram ordenados a manterem-se separados do mundo.

Nos versículos acima, o apóstolo Paulo estava tratando do perigo de perder o equilíbrio e descer da corda bamba, ajustar-se à sociedade e acomodar-se. Essa era uma grande tentação. A cidade de Corinto era completamente pagã e propagava sua crença. A cultura de Corinto fazia grande pressão sobre todos os que entravam em contato com ela para lançar as convicções e princípios ao vento e ir de acordo com a maré.

Na primeira Carta aos coríntios, o apóstolo tinha soado o alarme acerca da importância de ser separado do mundo, mas sua advertência tinha finalmente sido negligenciada. Aqui ele renova a advertência, apresentando a imagem do "jugo desigual" (v. 14). Ela nos permite a percepção de toda a questão do relacionamento do cristão com o mundo. Se estendermos a analogia um pouco melhor, podemos dizer que não existe nada de errado em estar no mesmo estábulo com o incrédulo, mas não sob o mesmo jugo. O jugo sugere unidade de propósito e esforço. O cristão deve evitar os jugos que exigem que duas pessoas concordem com o que é mais importante na vida e quais seriam os alvos e prioridades mais importantes.

Ao admoestar os coríntios do perigo do jugo desigual, o apóstolo fez uma coisa incomum e surpreendente. Ele pesquisou nas Escrituras do Antigo Testamento, selecionando promessas aqui e ali, para criar o conjunto de promessas que encontramos nos versículos 16 a 18.

Ao estudarmos esses versículos, podemos ver Paulo fazendo basicamente duas coisas. Primeira, ele explica quem o cristão é. E em seguida ele fala sobre como o cristão deve se comportar.

A EXPLICAÇÃO

Vamos primeiro verificar sua explicação (v. 16-18). Talvez a melhor maneira de definir o cristão seja a seguinte: o cristão é alguém que não trilha o próprio caminho, mas Deus em pessoa, opera ativamente em sua vida.

Não deveria escapar da nossa atenção que uma das citações de Paulo do Antigo Testamento inclui o versículo no qual Deus se identifica como "O Senhor todo-poderoso" (v. 18; 2Sm 7.14). Esse Deus todo-poderoso quem age na vida de cada cristão.

Quatro vezes nesses versículos, Deus promete fazer alguma coisa: "habitarei", "serei", "receberei" e "serei". Eu procuro ser cuidadoso a respeito dessas declarações. Existe uma exatidão e uma certeza nessas palavras que eu nem sempre sou capaz de passar. Uso termos como "eu quero" e "eu espero", mas o Deus todo-poderoso não deixa espaço para falhas. Ele sim-plesmente diz: "Eu farei".

A PROMESSA DE SER DEUS E PAI DE QUEM CRÊ 61

Afinal, o que esse Deus todo-poderoso tem feito na vida dos crentes? Nesse texto, Paulo escolhe destacar apenas duas coisas: reconciliação e adoção.

Reconciliação

Reconciliação é o tema do versículo 16. Nele Paulo cita as palavras encontradas em Levítico 26.12. A última parte dessa citação também é encontrada em Jeremias 32.38 e Ezequiel 37.27. O que significa a palavra "reconciliação"? J. I. Packer responde:

> A idéia geral transmitida pela raiz grega desta palavra, de onde se formam os textos e ela relacionados, é a de *troca*, e o sentido comum que esses termos têm, tanto no grego secular como na Bíblia, é a troca de relações, uma troca de oposição por harmonia, de inimizade por amizade. Reconciliar significa unir novamente pessoas que antes se separaram; é substituir a alienação, a hostilidade e a oposição por uma nova relação caracterizada por favor, por vontade e paz, transformando, desta forma, a atitude das pessoas que se reconciliaram uma com a outra e estabelecendo o seu subseqüente relacionamento mútuo sobre uma base inteiramente nova.[1]

Quando Deus fala em habitar com as pessoas e andar com elas (como ocorre nos versículos citados por Paulo), sabemos que houve a reconciliação entre ele e essas pessoas. Por mais difícil que possa ser para homens e mulheres modernos aceitarem, a verdade é que nós não vivemos naturalmente no estado de paz com Deus. De acordo com a Bíblia, chegamos a este mundo com uma natureza humana pecadora que é hostil em relação a Deus oposta aos seus caminhos. O apóstolo Paulo deixa isso bem claro em Romanos 8.7: "A mentalidade da carne é inimiga de Deus porque não se submete à Lei de Deus, nem pode fazê-lo".

A Bíblia nos diz que além de sermos por natureza avessos a Deus, ele também se opõe a nós. A Bíblia insiste que Deus é

---

[1] *Vocábulos de Deus*, São José dos Campos: Fiel, 1994, p. 111-2.

santo, e sua santidade significa que ele não pode ser ambivalente em relação ao pecado. Davi reconhece isso e diz a Deus: "Tu não és um Deus que tenha prazer na injustiça; contigo o mal não pode habitar" (Sl 5.4).

Mas aqui em 2Coríntios vemos Deus repentinamente falando em habitar com as pessoas e andar com elas. O que aconteceu? O inimigo fora colocado de lado e agora reinava a paz. Essas pessoas e Deus não estavam mais em guerra!

De que maneira ocorreu essa reconciliação tão maravilhosa? O apóstolo Paulo responde essa pergunta em Romanos. Ele diz: "Se quando éramos inimigos de Deus fomos reconciliados com ele mediante a morte de seu Filho, quanto mais agora, tendo sido reconciliados, seremos salvos por sua vida!" (Rm 5.10).

A expressão, "mediante a morte de seu Filho", nos mostra como pecadores podem ser reconciliados com Deus de tal modo que ele habite e ande com eles. Isso só foi possível por meio da morte expiatória do Senhor Jesus Cristo. Ali, na cruz, ele levou sobre si o castigo divino sobre todo o que crê. Cristo pagou o castigo do pecado, a ira de Deus contra o pecado foi liquidada e, portanto, não existe mais motivo para ele estar em guerra conosco. A fonte da inimizade, o pecado, foi removida, e o caminho foi desobstruído para podermos viver em paz com Deus.

É muito importante reconhecer que foi o próprio Deus quem fez o que era necessário para que houvesse reconciliação. Ele enviou o Senhor Jesus Cristo para morrer a morte reconciliatória na cruz.

Adoção

A segunda coisa que o Deus todo-poderoso faz por seu povo pode ser resumida na palavra "adoção". Essa verdade é apresentada por Paulo ao citar Ezequiel 20.34,41. Aqui Paulo nos leva a um nível mais elevado ainda. Deus não somente prometeu reconciliar seu povo por meio da morte de Cristo, mas também exaltá-lo a uma posição tão elevada que ele, na verdade, os considera seus filhos. Que grande abismo é transposto com a redenção — desde o estado em que éramos inimigos de Deus até nos tornarmos seus filhos e filhas! Ao olharmos para as Escrituras, encontramos Deus prometendo muitas coisas ao seu povo. Sua grande promessa é, como vimos, o próprio Senhor Jesus Cristo e a salvação que ele veio oferecer. Mas também existem promessas que dizem respeito às nossas provações e cargas dessa vida. Todas as promessas são a expressão do cuidado paterno por seus filhos, cuidando de suas necessidades.

Poderíamos dizer muito mais a respeito das promessas de Deus em relação à reconciliação e adoção. Todos os que vieram a Deus pela fé na morte substitutiva e expiatória do Senhor Jesus Cristo já se apropriaram dessas promessas. Mas elas continuam valendo para todos os que ainda não as receberam. O apelo das Escrituras para quem ainda não recebeu essas promessas é: "Reconciliem-se com Deus" (2Co 5.20).

A EXORTAÇÃO

Devemos agora passar da explicação paulina acerca de quem o cristão é para sua exortação.

Os cristãos foram reconciliados e adotados. Eles não são mais inimigos de Deus, e sim seus filhos! Que bênção maravilhosa! Qual deveria ser nossa reação diante de tal bênção? Paulo tem a resposta pronta para nós. Ele diz: "Amados, visto que temos essas promessas, purifiquemo-nos de tudo o que contamina o corpo e o espírito, aperfeiçoando a santidade no temor de Deus" (7.1).

Por outras palavras, Paulo apresenta essas bênçãos da reconciliação e adoção para servir de sustentação para a questão que preocupava os coríntios, a saber, como viver em uma sociedade pagã. A maneira de os coríntios permanecerem firmes em meio à cultura que procurava pressioná-los para se adaptarem ao seu molde foi lembrá-los de quão abençoados eles eram!

Os teólogos denominam o plano de Deus de nos reconciliar e nos adotar "a aliança da graça". William Hendriksen a define da seguinte maneira: "É o acordo entre o Deus trino e seu povo por meio do qual ele promete sua amizade, plena e sem reservas, a seu povo, tendo por base a expiação vicária de Cristo, o mediador da aliança, e o povo, por gratidão, promete viver para ele".[2]

Somente Deus pode salvar. Nós não podemos nos salvar. Mas, uma vez que estamos salvos, podemos expressar nossa gratidão a ele, vivendo de modo santo. Quando os "coríntios" dos dias de hoje nos pressionarem para pensarmos da mesma forma que eles e agirmos como eles agem, devemos deliberada e imediatamente lembrar de nossa reconciliação e adoção. Devemos refletir com profundidade sobre o que éramos no passado — inimigos de Deus —, e que ele tomou tudo isso sobre si para fazer paz conosco pelo altíssimo preço da entrega do próprio Filho. Devemos refletir seriamente no fato que ele nos exaltou a ponto de pertencermos à sua família. Ao refletir acerca dessas promessas que já se cumpriram em nós, podemos dizer à nossa era perversa o que José disse à esposa de Potifar: "Como poderia, eu, então, cometer algo tão perverso e pecar contra Deus?" (Gn 39.9).

---

[2] *The covenant of grace*, Baker Book House, p. 18-9.

8

A PROMESSA DE CONCEDER
DESCANSO PARA A ALMA

Mateus 11.28-30

*E*ssas palavras maravilhosas e muito conhecidas do Senhor Jesus Cristo nos apresentam mais um aspecto do início da jornada do cristão. Ele tem os pecados perdoados. Foi reconciliado com Deus e adotado por ele em sua família. E, graças a Deus, foi-lhe prometido descanso para a alma. Descanso para a alma — que pensamento agradável e atraente! Isto significa que a mente não é atormentada por incertezas e dúvidas; a consciência não é torturada com sentimentos de culpa; o coração não é subjulgado por ímpetos e desejos conflitantes.

Jesus promete descanso para a alma! Isso soa bem aos ouvidos, não é verdade? Você já experimentou esse descanso? Você pode dizer neste instante que sua alma está descansando e em paz? Se não, você está consciente do que deve fazer para obter esta paz e este descanso?

CONSCIÊNCIA DA NECESSIDADE

Inicialmente, você precisa estar consciente de sua grande necessidade desse descanso. Veja que Jesus dirige essa promessa aos que "... trabalham tanto debaixo de um jugo pesado" (v. 28, Bíblia Viva, 2.ª edição). Existem dois pensamentos separados e distintos nessa frase. Trabalhar é diferente de estar sobrecarregado. Trabalhar é despender esforço e trabalho pesado. É estar ativo.

Mas estar sobrecarregado é algo passivo. É ter uma carga sobre as costas e carregá-la.

Você está atento ao seu trabalho? Você se conscientizou de que existe algo terrivelmente errado em sua vida e você está freneticamente buscando uma resposta? Você está consciente do fato de que um dia você precisará deixar esta vida e apresentar-se ao Deus eterno que tem o poder de lançá-lo nas trevas e no desespero eterno? Você está desesperadamente procurando uma maneira de tornar-se puro e sem culpa diante de Deus naquele dia?

Martinho Lutero era um dos que trabalhavam. Ele tornou-se consciente de que um dia estaria diante de Deus e prestaria contas da sua vida. Além disso, ele percebia a vida passando e o Dia do Juízo se aproximando rapidamente. A única coisa que Lutero sabia fazer era trabalhar. Ele tentava freneticamente acumular boas obras para torná-lo aceitável diante de Deus. Muitos hoje identificam-se com Lutero. Esforçam-se por meio de obras para alcançar a vida eterna.

Talvez você esteja cônscio de estar sendo oprimido por um jugo pesado. Você sabe que é culpado diante de Deus, que quebrou suas leis inúmeras vezes, que merece somente ira e condenação. Cada dia você rasteja, carregando esse pensamento e não sabe o que fazer. A vida parece intolerável; não obstante, você tem medo de morrer.

O que devemos dizer a quem trabalha e está sobrecarregado? Se você se encontra em uma dessas categorias, eu tenho uma palavra a dizer-lhe: "Ótimo!".

Essa resposta não parece ser muito dura e insensível? A maioria de nós concordaria. Temos a tendência de pensar que é algo terrível alguém estar lutando e labutando arduamente e ainda estar sobrecarregado. Mas quando se trata da questão espiritual, podemos dizer que é ótimo as pessoas trabalharem e estarem sobrecarregadas porque elas, e somente elas, podem receber o descanso que Jesus promete nesses versículos.

Esse sentimento de trabalhar e estar sobrecarregado é o que as gerações passadas de cristãos denominavam "convicção".

Não se ouve esse termo com freqüência hoje em dia, mas não pode haver descanso para a alma até que ela passe pelo estágio da convicção. Ninguém pode ser salvo até que sinta a necessidade da salvação, e ninguém sentirá essa necessidade até que compreenda a gravidade de seus pecados. Suponhamos que você se conscientizou de sua grande necessidade e que sabe tudo a respeito de labutar e estar sobrecarregado. O que vem em seguida? O que você deve fazer para encontrar o descanso que Jesus promete?

IR A CRISTO

A resposta é que você deve *ir a Cristo*. Jesus disse: "Venham a mim, todos os que estão cansados e sobrecarregados, e eu lhes darei descanso".

Mas o que significa ir a Cristo? O Senhor Jesus não nos deixa na incerteza, decidindo por conta própria o que está envolvido aqui. Ele diz que a nossa parte é tomar o seu jugo e aprender dele.

Quando Jesus referiu-se ao *jugo*, todos os seus ouvintes sabiam do que ele estava falando. O jugo era uma espécie de canga que era colocado sobre o pescoço do boi para que ele pudesse puxar o arado ou a carroça. Esse era o jugo simples. O jugo duplo conectava um boi a outro para formar um par.

Em ambos os casos, o jugo representava submissão à autoridade e servidão. Quando o jugo era colocado sobre o pescoço do boi significava que esse animal estava sujeito à autoridade do dono e garantira o seu serviço. É assim com quem vem a Cristo. Ele deixa de ser seu dono e passa a viver debaixo da autoridade de Jesus. Ele pára de servir-se a si mesmo e começa a servir ao Senhor.

Precisamos aprender rapidamente que ir a Cristo envolve submissão e servidão! Multidões estão convencidas hoje que é possível ir a Cristo e receber a salvação sem ter o menor interesse em submeter-se a ele e servi-lo. Mas Jesus diz que é impossível ter uma coisa (ir a ele) sem a outra (o jugo).

68 O DEUS DE PALAVRA

Mas isso não é tudo. Ir a Cristo não significa apenas tomar seu jugo, mas também *aprender dele* (v. 29). Isto é, o Senhor não estava satisfeito em meramente dizer que devemos nos submeter à sua autoridade. Ele declarou que deveríamos submeter nossa mente aos seus ensinos. Por que o Senhor incluiu esse aspecto? Poderia ser porque nós temos mais dificuldades em submeter a mente que qualquer outra área? Milhões de pessoas não estão dispostas a aprender de Cristo. Elas ouvem seu ensino a respeito de algum assunto e imediatamente querem discuti-lo e criar caso. Às vezes respondem aos ensinamentos bíblicos dessa forma: "Isso não parece justo". Ou dizem: "Isso mudou. Certamente não se pode esperar que nós acreditemos nessas coisas hoje".

Quando esse tipo de palavras sai de nossa boca, rejeitamos o ensino de Cristo. Estamos nos recusando a caminhar debaixo do seu jugo. A pessoa que verdadeiramente vai a Cristo aceita os ensinos dele. O Senhor tem algumas coisas muito definidas a dizer a respeito da pecaminosidade do homem. Ele tem alguns ensinamentos claros a respeito da ira de Deus contra o pecado. E também, graças a Deus, tem algo preciso a dizer a respeito da salvação que Jesus veio oferecer por meio da sua morte na cruz. A pessoa que vem a Cristo aceita esses ensinos; não discute a respeito deles, mas simplesmente ouve, aceita e age de acordo com eles.

Ir a Cristo, então, não é fácil e trivial como nós com freqüência o tornamos. Não é apenas a questão de ir à frente durante o apelo ou o convite feitos em qualquer igreja, ou concordar com algumas proposições a respeito de Cristo. Ir a Cristo envolve submissão e servidão e isso, por sua vez, significa aprender com Cristo.

À luz dessas coisas, você pode dizer que verdadeiramente foi a Cristo? Você está andando debaixo do jugo de submissão e servidão de Jesus? Você ouve e aceita os ensinos dele?

Talvez você pense que tudo isso é exigir demais. Jesus sabia que alguns reagiriam dessa forma, por isso ele continuou dizendo: "O meu jugo é suave e o meu fardo é leve" (v. 30). Sim, ir a Cristo requer estar debaixo de um jugo. Mas comparado ao jugo e à carga do pecado, o jugo e a carga de Cristo são leves.

Os cristãos devem sorrir quando ouvem os descrentes falar sobre quão difícil é a vida do cristão. Difícil é a vida de pecado. O pecado destrói o corpo e traz culpa e infelicidade à vida da pessoa, e ainda destrói a pessoa para sempre na vida futura. Isso sim que é duro! Não existe descanso para uma vida como essa.

Mas existe descanso no ir a Cristo. Existe descanso em saber que nossos pecados estão perdoados. Existe paz em saber que não teremos nada a temer quando deixarmos essa vida e chegarmos diante de Deus no juízo. Existe descanso em saber que temos no céu o nosso lar.

TERCEIRA PARTE
PROMESSAS PARA A JORNADA

Quem recebe as promessas de salvação de Deus não é subitamente arrebatada por Deus dessa terra para o céu. Ela, pela graça de Deus, afasta-se do pecado e da destruição e começou a jornada nesse reino terreno que pode ser longa ou curta, mas uma coisa o cristão certamente vai descobrir: a jornada é desafiadora e difícil.

O que torna a jornada tão desafiadora? Os cristãos têm sido deixados aqui para participar da jornada nessa terra e anunciar "as grandezas daquele que os chamou das trevas para a sua maravilhosa luz" (1Pe 2.9). Mas as pessoas do mundo continuam nas trevas, e a Bíblia nos relata que elas amam as trevas e são naturalmente contrárias à luz de Deus (Jo 3.19). O cristão é chamado, portanto, a fazer essa jornada atravessando um território hostil.

Se isto não fosse o suficiente, ele descobre que existe o pecado que "mora" nele. O poder do pecado foi definitivamente derrotado em sua vida, mas ele continua guerreando dentro dele. O cristão está sempre lutando com o pecado, freqüentemente tropeçando, continuamente lamentando sua fraqueza e ansiando pela chegada do dia glorioso quando sua salvação será finalmente completada.

E, é claro, Satanás está sempre ocupado em opor-se ao cristão de todas as formas possíveis. O cristão tem de lidar em sua vida com a tríade maligna: o mundo, a carne e o Diabo.

O cristão, todavia, também tem algo a mais — promessas para a jornada. Deus fez promessas ao crente para sustentá-lo, encorajá-lo, confortá-lo e renová-lo ao longo da traiçoeira jornada da vida.

A vida também pode ser um empreendimento muito desafiador para os que não são cristãos e, em momentos de desespero, são muitas vezes conhecidos por reivindicarem as promessas dadas aos cristãos para ajudá-los na jornada. Mas estão reivindicando algo que não é deles. Esses são os benefícios da salvação comprados por Cristo para o seu povo.

Pense nesses termos. Imagine que você e sua família estão sentados no jardim planejando as férias para o próximo verão. Com mapas e folhetos de viagens espalhados por toda parte vocês discutem animadamente para onde viajarão e o que farão. Um vizinho subitamente aparece e diz: "Bem, eu acho que nós deveríamos ir aqui e ali e fazer isto e aquilo". Qual seria a sua reação? Depois do choque inicial pela audácia do vizinho, você provavelmente diria: "Sinto muito, mas essas são as nossas férias e elas não lhe dizem respeito".

Quando se trata das promessas de Deus, muitas pessoas são como o vizinho audacioso. Querem reivindicar algo para a qual não estão habilitados, nem têm direito. Podemos dizer que eles querem os benefícios de conhecer a Deus sem realmente conhecê-lo.

O fato é que a maioria das promessas de Deus são dadas somente aos seus filhos e, contra a opinião popular, nem todos são seus filhos.

Essencialmente, Deus fez somente duas promessas para os que não são seus filhos. A primeira é de levá-los diante do trono do juízo e ali apresentar-lhes o resultado de sua rejeição de Jesus, que significa eterna destruição. A segunda é, como vimos, perdoar os que verdadeiramente se lançam aos pés do Senhor Jesus Cristo.

As promessas que seguem, portanto, são dadas aos que, pela graça de Deus, agiram de acordo com as promessas para participar da jornada. Essas promessas foram dadas por Deus para ajudá-los na jornada.

Como o povo de Deus deve alegrar-se com essas promessas! Sim, a jornada é difícil, mas Deus providenciou tudo o que precisamos para que possamos nos unir ao salmista nessas declarações gloriosas: "O Senhor é o meu pastor; de nada terei falta" (Sl 23.1). "Nada falta aos que o temem" (Sl 34.9).

9
A PROMESSA DO
CONSELHEIRO

João 14.16-18

O s discípulos de nosso Senhor sentiram-se arrasados com as notícias de que ele estava prestes a partir deste mundo e deixá-los. O Senhor Jesus tinha um coração sensível por esses homens. O que os tocava, tocava a ele. Ele não podia, portanto, ignorar a tristeza e a angústia do coração deles. Quão gratos nós somos por saber que nosso Senhor tem o mesmo cuidado afável por todos os que são seus discípulos hoje!

Foi esse cuidado que compeliu o Senhor a dar aos discípulos algumas promessas reconfortantes. Uma era de que ele voltaria e os levaria à casa do Pai (v. 1-4). Outra promessa era que eles continuariam o trabalho de Jesus e fariam coisas ainda maiores do que ele havia feito (v. 12-14).

Em João 14.16-18 o Senhor lhes dá outra promessa para os consolar e encorajar. Jesus fala sobre o dom que lhes concenderia. Esse dom era diferente de tudo o que os discípulos tinham recebido: era, na verdade, uma pessoa.

O Senhor Jesus usa dois nomes para essa pessoa. Um é "Conselheiro" (v. 16). O outro é "Espírito da verdade" (v. 17).

O CONSELHEIRO

O primeiro desses nomes é a tradução da palavra grega *paraklētos*, que literalmente significa "alguém chamado para ficar ao lado de outra pessoa".

76 O DEUS DE PALAVRA

John Brown disse: "Era costume, no tempo dos tribunais antigos, as partes interessadas chegarem no tribunal, acompanhadas por um ou mais de seus amigos mais influentes, que eram chamados de *parakletos* — ó termo grego — ou advogados — o termo latino. Eles não eram advogados no sentido que hoje damos ao termo. Eram pessoas que, motivadas por afeição, estavam dispostas a colocar-se ao lado do amigo; pessoas em cujo conhecimento, sabedoria e verdade, o indivíduo que movia a ação judicial tinha confiança".[1]

Por mais de três anos os discípulos tinham desfrutado um *paraklētos* que era nada mais nada menos que o Senhor Jesus Cristo. Ele estivera do lado deles e fora amigo deles. O fato de estar se separando deles não significava que deixaria de ser o *paraklētos* deles. Ele continuaria representando-os no tribunal do céu. Mas ele deixaria de ser o *paraklētos* aqui na terra, lugar onde os discípulos precisariam muito da amizade e apoio de alguém à medida que se deparassem com a hostilidade e a controvérsia. Como conseguiriam enfrentar essas coisas sem o Senhor Jesus Cristo?

As palavras do Senhor respondem essa pergunta. Eles as enfrentariam com a ajuda de outro conselheiro. Enquanto o Senhor Jesus os representava no céu, a terceira pessoa da Trindade, o Espírito Santo, estaria do lado deles na terra, e ele continua realizando a sua obra em todos os cristãos hoje.

O ESPÍRITO DA VERDADE

Jesus também se referiu ao Espírito Santo como o "Espírito da verdade". Isso mostra que a obra do Espírito Santo teria ligação específica com a verdade de Deus ou a orientação em relação a essa verdade.

Encontramos a declaração mais completa de Jesus a respeito dessa questão um pouco mais adiante nessa mesma

---

[1]*Discourses and sayings of our Lord*, The Banner of Truth Trust, vol. III, p. 98.

discussão: "Mas, quando o Espírito da verdade vier, ele os guiará a toda a verdade. Não falará de si mesmo; falará apenas o que ouvir; e lhes anunciará o que está por vir. Ele me glorificará, porque receberá do que é meu e o tornará conhecido a vocês. Tudo o que pertence ao Pai é meu. Por isso eu disse que o Espírito receberá do que é meu e o tornará conhecido a vocês" (Jo 16.13-15).

Esses versículos deixam claro que a verdade na qual o Espírito Santo está vitalmente interessado é a respeito do Senhor Jesus Cristo, — as verdades do evangelho. Ele compreende perfeitamente essa verdade e revelou-a aos discípulos, orientando-os para que a compreendessem.

Quão urgentemente precisamos entender essa ligação vital entre o Espírito Santo e a verdade a respeito de Jesus! Ao ouvirmos algumas pessoas, temos a impressão de que o Espírito Santo veio a esse mundo para "realizar uma obra particular", e que sua presença no mundo significa que não temos mais a necessidade de Cristo.

Nada poderia estar mais distante da verdade. O Espírito Santo veio, não para chamar a atenção para si mesmo, mas para exaltar e glorificar a Cristo. Por isso, ele abre nossa mente e coração para recebermos a verdade a respeito de Cristo. Ele se agrada profundamente quando somos "cristocêntricos" e se entristece quando elevamos sua obra acima da obra de Cristo.

De que maneira você e eu podemos julgar se o Espírito Santo está realmente operando em determinado tempo ou lugar? Alguns parecem pensar que ele é um tipo de força ou energia emocional e concluem que o Espírito Santo está presente quando existe certo grau de emoção e entusiasmo. Se, por exemplo, as pessoas são tocadas e estimuladas em determinado culto, eles não hesitam em falar: "O Espírito Santo realmente a se mani-festou no culto". Ou, se o pregador é muito dramático e vi-brante, essas pessoas concluem precipitadamente que a unção do Espírito de Deus estava sobre ele. Esse tipo de afirmação simplesmente ignora os episódios das Escrituras em que as pessoas estavam cheias de energia e vibração mas eram do diabo, como foi o caso dos profetas de Baal em 1Reis 19. A verdade é que o Espírito Santo não é o único espírito neste mundo. Existem muitos falsos espíritos agindo, e nós temos a séria obrigação de testar os espíritos (1Jo 4.1). Como podemos evitar ser enganados por falsos espíritos? Devemos ter em mente que o Espírito Santo é exatamente o que o Senhor Jesus disse que era — *o Espírito da verdade* — Devemos julgar qualquer intenção ou contéudo relativo a ele com a seguinte base: o que está acontecendo corresponde com a verdade que ele próprio revelou a nós nas Escrituras Sagradas? E visto que Jesus Cristo é o tema das Escrituras, podemos perguntar se o que está sendo atribuído ao Espírito é cristocêntrico.

Se entendermos essas verdades, teremos uma perspectiva muito diferente de muitas coisas que ocorrem em nossas igrejas hoje. Não devemos avaliar o "sucesso" de um culto pelas nossas emoções, mas se a verdade de Deus esteve presente. E o homem que está atrás do púlpito faz o melhor por nós, não quando ele nos entretém ou nos faz sentir bem, mas quando proclama fielmente a verdade de Deus e exalta o Senhor Jesus Cristo.

Ah, se o povo de Deus tivesse uma nova estima pela verdade de Deus e pela centralidade do Senhor Jesus! A verdade é que importa. Nessa ocasião estavam os onze discípulos, com seus medos e desalentos, questionando como seriam capazes de enfrentar o mundo hostil sem o Senhor. Eles haviam recebido a promessa de que viria alguém no lugar de Jesus, que estaria ao lado deles para sustentá-los e confortá-los nesse mundo hostil, e a forma dele apoiá-los seria relembrá-los da verdade de Jesus. Esse mesmo Espírito Santo nos fortalece da mesma forma que fortaleceu os discípulos, lembrando-nos constantemente da verdade do evangelho.

Que grande força existe em saber que temos a verdade que nunca pode ser abalada ou destruída! Deixe que o mundo ria e se enfureça, o cristão pode repetir as palavras imortais de Martinho Lutero:

Se vierem roubar
os bens, vida e o lar —
que tudo se vá!
Proveito não lhes dá.
O céu é nossa herança.*

É essa questão da verdade que separa o cristão de todas as outras pessoas. Ele tornou-se cristão por meio do Espírito da verdade operando a verdade a respeito do Senhor Jesus Cristo em seu coração e mente.

A PRECIOSIDADE DO PRESENTE DE CRISTO

Que privilégio termos essa verdade e o Espírito que a revela! Nem todos a possuem. O Senhor diz que o mundo "não pode" receber o Espírito da verdade (Jo 14.17).

"O mundo" inclui todos os que estão em seu estado natural, homens e mulheres que estão separados de Deus e continuam em seus pecados. Esses, de acordo com o Senhor Jesus, não podem receber o Espírito da verdade. Deixadas por conta, as pessoas do mundo são completamente incapazes de chegar à verdade que o Espírito tem para oferecer. O apóstolo Paulo faz a seguinte colocação: "Quem não tem o Espírito não aceita as coisas que vêm do Espírito de Deus, pois lhe são loucura; e não é capaz de entendê-las, porque elas são discernidas espiritualmente" (1 Co 2.14).

Por que o homem natural não pode receber o Espírito da verdade? John Brown responde: "Enquanto o homem crê na mentira, não pode crer na verdade, em oposição direta à mentira. Não é impossível para o homem mundano tornar-se espiritual; mas é impossível para ele, enquanto for mero homem mundano, receber o Espírito. Não que exista alguma impossibilidade física no caso — que o homem queira alguma das faculdades neces-

---

Hinário luterano: Igreja Evangélica Luterana do Brasil, Porto Alegre: Concórdia, 7. ed., 1994, hino 165.

sárias para a compreensão da verdade, ou para o estado de sentimento correspondente — mas é moralmente impossível para o homem amar a falsidade e a verdade ao mesmo tempo a respeito do mesmo assunto. O ensino do Espírito nunca foi bem-vindo pelo homem mundano".[2]

O homem natural é cegado pelo próprio pecado. É incapaz de ver sua necessidade de Cristo. Ele não percebe que está se aproximando rapidamente do dia da prestação de contas, quando ficará diante do Deus santo. Não vê a gravidade dos seus pecados. O próprio Deus precisa primeiro iluminar a mente dos pecadores antes que eles possam receber a verdade do evangelho.

Os discípulos a quem Jesus deu a promessa do Espírito também estiveram uma vez nessa posição terrível. Eles também estavam cegos para a verdade, mas essa situação mudou. Graças a Deus pelas quatro preciosas palavras que o Senhor falou a esses homens: "Mas vocês o conhecem" (Jo 14.17).

O cristão é o mais abençoado de todos os homens. Ele não só abraçou a verdade que o Espírito de Deus ensina, mas, na verdade, tornou-se habitação desse mesmo Espírito (v. 17), o qual estará para sempre com ele (v. 16).

Que promessa maravilhosa e consoladora para os tristes discípulos! Eles não ficariam abandonados. Outro *parakletos*, o Espírito da verdade, viria para habitar neles e ajudá-los. Tudo isso lhes foi obtido por meio da obra completa do Senhor Jesus Cristo. Que homens abençoados! E as bênçãos desses homens são as bênçãos de todos os que conhecem o Senhor Jesus como Salvador.

[2]*Discourses and sayings of our Lord*, p. 98.

10
A PROMESSA DE PERSEVERANÇA

Filipenses 1.6

O cristão inicia sua jornada no momento em que a graça de Deus opera a fé e o arrependimento em seu coração. Mas é possível iniciar a jornada e não terminá-la. Satanás está ansioso para assegurar que muitos cristãos jovens, e mesmo alguns que são cristãos por mais tempo, jamais sejam capazes de completar sua jornada. O apóstolo Paulo tem uma palavra encorajadora para quem está preocupado com esse pensamento: "Estou convencido de que aquele que começou a boa obra em vocês, vai completá-la até o dia de Cristo Jesus".

SALVAÇÃO — A BOA OBRA DE DEUS

As palavras de Paulo encaixam-se fácil e naturalmente em três partes. Em primeiro lugar, ele diz que a salvação é *a boa obra*. Não pode haver discussão ou debate a esse respeito. Se víssemos alguém ser salvo de um afogamento, ou resgatado de um prédio em chamas, não hesitaríamos em dizer que foi realizada uma boa obra.

Por melhor que esses atos sejam, eles perdem em importância quando comparadas com o que foi feito ao cristão. O crente foi liberto de algo muito pior que um afogamento ou um prédio em chamas. Ele foi salvo do destino mais terrível que se possa imaginar, o destino que a Bíblia denominada "destruição eterna, a separação da presença do Senhor" (2Ts 1.9).

Outra coisa que Paulo ressalta é que a salvação é *obra de Deus*. Os autores bíblicos nunca se cansam de enfatizar a verdade de que a salvação é operada somente pela graça de Deus. Tudo que precisamos fazer para entender esse aspecto é voltar para a figura do homem que estava se afogando. Como ele é salvo? Será que ele primeiro nada até a praia, busca o salva-vidas, volta para a água e continua se debatendo? Que idéia ridícula! Esse homem está se afogando porque é incapaz de fazer qualquer coisa para ajudar-se. Ele não tem como buscar o salva-vidas. É o salva-vidas que pula na água, nada até o local onde o homem está se afogando e o puxa para fora. E todo mérito no salvamento desse homem vai para o salva-vidas. Ninguém dá mérito pelo salvamento ao homem que estava se afogando.

Se o salva-vidas joga uma corda para o homem que está se afogando, esse homem simplesmente agarra a corda. Ele não considera o ato de pegar a corda algo digno de louvor. Todo louvor é dirigido ao salva-vidas que jogou a corda para ele.

Da mesma maneira, o pecador está perecendo, e é Deus que, por meio do Filho, pula para dentro do mar e o puxa para fora. Ou, para dizer de outra forma, é Deus quem joga a corda da salvação e o pecador a agarra com a mão da fé. Mas ele não considera que o seu recebimento da salvação é digno de qualquer louvor ou mérito. Todo louvor e toda a glória pela salvação do pecador são dirigidos a Deus.

Deus nos escolheu em Cristo antes da fundação do mundo. Ele enviou Cristo para comprar a nossa salvação e deu o Espírito Santo para trabalhar em nosso coração e produzir fé em nós. A salvação é obra de Deus.

Salvação — obra contínua e certa

O terceiro elemento nas palavras de Paulo trata diretamente da questão de sermos ou não capazes de completar a jornada. Paulo não só diz que a boa obra da salvação é trabalho de Deus, mas

A PROMESSA DE PERSEVERANÇA 83

também que é uma *obra certa*. Paulo diz: "Estou convencido". Deus inicia a obra e cuida para que ela seja completada.

Em outras palavras, Deus não diz ao pecador: "Eu vou iniciar a obra da salvação e depois ficará por sua conta mantê-la". Se esse fosse o caso, parte da salvação seria obra de Deus e parte, nossa. Mas a salvação é inteiramente obra de Deus.

A salvação consiste em três elementos: A primeira é a *justificação*. Esse é o aspecto no qual Deus, por meio da obra expiatória do Senhor Jesus Cristo, declara o pecador sem culpa. O estágio final é a *glorificação*. Esse é o aspecto final da salvação. Nesse ponto Deus finalmente completa o processo, e nós estaremos diante do trono da sua glória, sem mácula (Jd 24).

A fase intermediária entre a justificação e a glorificação é a *santificação*. Este é o estágio em que Deus opera perseverantemente naqueles que justificou, afastando-os do pecado e ajudando-os a crescer na graça.

Precisamos observar o seguinte: se a salvação é obra de Deus, também é cada parte desse processo. Não podemos dizer, portanto, que Deus inicia a obra e deixa por nossa conta terminá-la. Não seria mais sua obra graciosa.

A Bíblia afirma em várias partes que Deus não somente nos salva do pecado, mas também nos guarda. Jesus enfatiza o poder do cuidado de Deus com essas palavras tão conhecidas: "As minhas ovelhas ouvem a minha voz; eu as conheço, e elas me seguem. Eu lhes dou a vida eterna, e elas jamais perecerão; ninguém as poderá arrancar da minha mão. Meu Pai, que as deu para mim, é maior do que todos; ninguém as pode arrancar da mão de meu Pai" (Jo 10.27-29).

Esse poder divíno de preservar garante que os que foram salvos jamais perderão a salvação. Eles, de fato, completarão a jornada. Mas devemos nos apressar em prestar atenção como Deus age em relação a essa obra contínua de preservação. Alguns têm tratado mal e mutilado essa doutrina. argumentando que se alguém foi salvo, pode viver da maneira como bem desejar e mesmo assim irá para o céu quando morrer.

Este ensino tornou-se conhecido nos últimos anos por teoria do "cristão carnal". Afirma que não existem apenas duas categorias de pessoas — as salvas e as perdidas — mas três. O terceiro grupo consiste nos que foram salvos mas vivem como os perdidos. É verdade que os cristãos às vezes agem de maneira carnal mas isso difere do ensino dos "cristãos carnais", que declara que alguém pode ser cristão e mesmo assim viver continuamente no pecado.

As palavras do apóstolo Pedro mostram a falha da teoria do "cristão carnal" e também esclarece como Deus preserva o santo. Ele diz que os cristãos "mediante a fé, são protegidos pelo poder de Deus até chegar a salvação prestes a ser revelada no último tempo" (1Pe 1.5).

Um aspecto que muitas vezes é negligenciado quanto a Deus preservar os salvos é que ele os guarda de maneira bem definida e distinta, ou seja, *por meio da fé*. Por outras palavras, a pessoa que foi salva verdadeiramente, continuará na sua trajetória da fé. Continuará crendo, confessando, obedecendo, servindo, amando e adorando Cristo. Isso é muito diferente de viver continuamente no pecado!

Deus preserva o seu povo, encorajando-o a perseverar na fé. Vários textos das Escrituras explicitamente afirmam que o povo de Deus permanecerá na fé.

Jesus mesmo disse: "Se vocês permanecerem firmes na minha palavra, verdadeiramente serão meus discípulos" (Jo 8.31).

O apóstolo Paulo diz que fomos reconciliados com Deus se continuarmos "alicerçados e firmes na fé" (Cl 1.21-23).

O autor de Hebreus afirma que nós, de fato, pertencemos à "casa" do Senhor, "se é que nos apegamos firmemente à confiança e à esperança da qual nos gloriamos" (Hb 3.6).

Em seguida o mesmo autor acrescenta: "Pois passamos a ser participantes de Cristo, desde que, de fato, nos apeguemos até o fim à confiança que tivemos no princípio" (Hb 3.14).

É claro que muitos professam sua fé para em seguida negá-la. Charles Spurgeon observou que existem pessoas que "aderem à religião como quem toma sua ducha matinal, e de lá sai com a mesma rapidez, gente convertida às dezenas, e desconvertidas uma a uma até que essas dezenas desaparecem".[1]

É preciso deixar claro que essas pessoas não se afastam da salvação, mas da profissão de fé exterior. Os verdadeiramente salvos não retroceder serão guardados por Deus que continuamente os anima na sua fé.

A apóstolo João viu pessoas se afastando da fé da mesma maneira que isso ocorre hoje e explicou o fato nos seguintes termos: "Eles saíram do nosso meio, mas na realidade não eram dos nossos, pois, se fossem dos nossos, teriam permanecido conosco; o fato de terem saído mostra que nenhum deles era dos nossos" (1Jo 2.19).

O verdadeiro cristão peca de vez em quanto. O verdadeiro cristão reincide no erro. Mas o verdadeiro cristão nunca perderá a salvação. Como ouvimos muitas vezes, o crente, semelhante ao homem a bordo de um navio, pode escorregar no convés mas nunca cairá ao mar.

O verdadeiro cristão foi destinado a viajar pela graça de Deus e por meio dela, chegará em casa.

---

[1] Ian MURRAY, *The forgotten Spurgeon*, The Banner of Truth Trust, p. 112.

11

A PROMESSA DA PALAVRA
QUE PERMANECE

Isaías 40.6-8

O povo a quem Isaías se dirigiu nos últimos capítulos de sua profecia (Is 40—66) sentia muita necessidade de conforto. Eles foram arrancados de tudo que lhes era precioso e foram forçados a suportar o cativeiro na estranha terra da Babilônia. Ano após ano os israelitas sofriam sob o jugo de seus captores. Isaías não estava entre os cativos — mas sua profecia continha uma mensagem de conforto que eles precisavam tão desesperadamente.

Nos versículos iniciais do capítulo 40, Isaías se coloca como alguém que ouviu notícias gloriosas a respeito do futuro de sua nação. Ele primeiro ouve Deus encarregar um profeta de anunciar à cidade de Jerusalém que o tempo de dificuldade está prestes a terminar (v. 1 e 2). O profeta vê Deus vindo no meio do seu povo para guiá-los para fora da Babilônia, de volta para Jerusalém e imediatamente começa a clamar que Deus está prestes a retornar a Jerusalém e o caminho precisa ser preparado para ele (v. 3-5).

Depois Isaías ouve Deus falar novamente com o profeta. Dessa vez Deus diz: "Clame!" E imediatamente o profeta quer saber o que ele deve clamar. Deus responde sua pergunta contrastando a natureza temporal do homem em toda a sua glória com a eterna Palavra de Deus (v. 6-8).

A grande libertação anunciada nesses versículos não foi completamente cumprida com o retorno dos judeus à sua terra.

Havia uma libertação muito maior no horizonte que se completaria com a vinda Messias. Fica claro da profecia de Isaías, mais especificamente dos capítulos de 40 a 66, que ele certamente tinha essa libertação maior em vista. Existe, portanto, certo "entrelaçamento" nesses capítulos. A libertação dos judeus da Babilônia e a libertação do pecado por meio do Messias são tão maravilhosamente semelhantes que Isaías não pôde evitar associá-las ou entrelaçá-las. E a linguagem que ele usou para a primeira era apropriada para a outra.

Portanto, exatamente como havia um arauto, ou precursor, enviado para anunciar a vinda de Deus aos cativos na Babilônia para conduzi-los de volta a Jerusalém e para falar-lhes da necessidade de preparar o seu caminho, assim João Batista foi enviado para anunciar a vinda do Messias e proclamar a necessidade de cada coração preparar-se para recebê-lo (Mt 3.1-3). E do mesmo modo como o retorno dos cativos revelaria a glória do Senhor, assim a glória do Senhor seria revelada, de maneira muito maior, na vinda do Messias para libertar o povo dos pecados deles.

Podemos aceitar perfeitamente que Isaías 40—66 tornou-se fonte de grande consolação e esperança para os cativos. Quando as coisas pareciam completamente desoladoras e sombrias, eles podiam ler as palavras de Isaías e serem encorajados e confortados.

UM PROBLEMA

Havia um problema. As palavras de Isaías não eram as únicas palavras que ressoavam nos ouvidos daqueles cativos. Podemos imaginar a situação. Eis um dos cativos que externa sua frustração e dúvida. Diz que duvida que um dia eles voltarão à terra natal, e que todos vão perecer na Babilônia, e deviam aceitar esse destino. Assim que as palavras saíram da sua boca um dos companheiros de cativeiro o lembrou da mensagem de Isaías. O segundo cativo diz ao primeiro: "Não perca a esperança.

Lembre das palavras de Isaías. Nós seremos definitivamente restituídos à nossa terra".
Mas antes que o segundo cativo terminasse de falar, ressoou outra mensagem. Um oficial da Babilônia vocifera: "Vocês, judeus, podem esquecer sua terra e seu precioso Isaías. Vocês não vão a lugar nenhum!".

Ou talvez os babilônios ministrassem "seminários acerca do cativeiro" regularmente, em que admoestavam os cativos por crer que um dia seriam libertos e insistiam para que se acostumassem com a Babilônia. Isso não parece fazer sentido? Então leia a profecia de Daniel. Ali você verá os babilônios pressionando Daniel e seus três amigos a esquecer a idéia do Estado judeu futuro e a tornar-se como os babilônios no modo de pensar e agir.

No cativeiro, portanto, os prisioneiros precisavam decidir em qual palavra creriam: na palavra de esperança dada por Deus por meio de um dos profetas? Ou creriam na palavra de desespero proferida por quem que não conhecia o Deus deles e desprezava a sua fé?

Tudo isso lhe é familiar? Deveria. Os cristãos de hoje se encontram em situações muito semelhantes. Nós também vivemos na era de vozes competidoras. Por um lado, temos a Bíblia que é conhecida como a Palavra do nosso Deus (2Tm 3.16). Por outro lado, existe uma multidão de babilônios "modernos" ávidos para nos garantir que fomos enganados, que a Palavra de Deus não é nada além de especulações e imaginações de homens que foram iludidos como nós.

O que faz disso um dilema tão difícil é a atratividade e o encanto desses "babilônios". Eles não são do tipo de gente que você consegue descartar ou desprezar facilmente; não falam bobagens, são educados, vivem em casas bonitas, usam roupas bonitas e dirigem carros bonitos. Falam com eloqüência e com muita auto-confiança e equilíbrio. São educados, articulados e sofisticados.

Quem são esses "babilônios"? São os atores e atrizes *glamurosos* que facilmente nos fazem rir ou chorar quando ligamos a

TV. São professores, jornalistas, analistas, lobistas, entrevistados de pro-gramas de TV e os políticos que insistente e constantemente fazem palestras a respeito de moral e ética. Também são as pessoas com as quais trabalhamos e gastamos nosso tempo livre. Entre eles estão nossos vizinhos e parentes. Os babilônios modernos são simplesmente quem nos diz quem não devemos crer na Palavra de Deus, quem oferece a própria mensagem para competir com a mensagem que recebemos de Deus.

Às vezes, o desafio em relação à nossa fé na Palavra de Deus vem vestido em trajes de superioridade intelectual, afirmando que nenhuma pessoa reflexiva creria em conceitos tão ultrapassados como os que são encontrados na Bíblia. Às vezes o desafio vem disfarçado de uma inocência doce: "Você pode ir à igreja no próximo domingo. Que tal velejarmos hoje?". De maneira sofisticada ou simples, a mensagem dos babilônios é sempre a mesma: "Não creia em Deus".

O que os cativos deveriam fazer quando a pressão aumentasse? Será que deveriam aceitar cegamente a mensagem transmitida pela cultura babilônica? Ou, deveriam tentar chegar a um certo tipo de síntese que os permitisse crer tanto na mensagem babilônica quanto na mensagem de Deus?

A RESPOSTA

Isaías tinha a resposta. Ele sabia que os israelitas enfrentariam esse dilema de mensagens competitivas no novo ambiente. Por isso, entre as promessas acerca do retorno certo de Israel à terra natal, ele incluiu uma promessa a respeito da confiabilidade da Palavra de Deus: "A relva murcha, e as flores caem, mas a palavra de nosso Deus permanece para sempre" (v. 8).

As outras promessas contidas na profecia de Isaías eram gloriosas. E todas giravam em torno da promessa da confiabilidade da Palavra de Deus. Por mais gloriosa que a promessa possa ser, o importante é saber se é de confiança. Deve-se confiar na Palavra de Deus! Esta promessa abre o caminho para desfrutarmos a glória de todas as outras promessas. Aqui temos a chave que abre o local onde estão guardadas todas as outras chaves.

Aqui há um grande contraste entre o que murcha e cai e o que permanece para sempre. O que estava destinado a murchar e cair? A cultura babilônica. Os babilônios eram como a relva que murcha, e os mais simpáticos e atraentes dentre eles eram como as lindas flores do campo que caem. Mas, quer estejamos dispostos a falar acerca de relva ou flores, ou não, o resultado é o mesmo: todas murcham e caem. É isso que ocorre com o ser humano. Seja o homem comum ou o sofisticado, calmo e ponderado; o resultado é sempre o mesmo: ambos morrerão.

A mensagem dos babilônios era, portanto, a mensagem de meros homens. Sim, eles podiam ser muito atraentes e muito persuasivos, mas eram apenas carne — carne atraente, carne cultural, carne sofisticada, mas apenas carne! E a carne, não importa o quanto se enfeite, também vai murchar e desaparecer. E quando os babilônios murcharam e caíram, sua mensagem pereceu com eles. Se os homens pregam somente a respeito da própria época e cultura, pregam uma mensagem perecível.

É diferente da mensagem de Deus. Por Deus ser eterno, sua mensagem é eterna. Jamais falhará, mas sempre permanecerá imutável e firme.

O próprio fato de as pessoas a quem a profecia de Isaías se dirigia estarem experimentando esse terrível cativeiro era, por si só, prova suficiente da imutabilidade da Palavra de Deus. Deus as havia advertido antes de se estabelecerem na terra de que a vida pecaminosa o compeliria a enviá-los para o cativeiro. E à medida que ignoravam suas advertências e se aprofundavam cada vez mais no pecado, ele enviou inúmeros profetas para anunciar que esse cativeiro viria como julgamento sobre eles. Eles recusaram-se a ouvir e continuaram a pecar, e a Palavra de Deus provou ser verdadeira.

E a mensagem de Deus acerca do retorno dos cativos para a sua terra natal também provou ser verdadeira. Os orgulhosos babilônios pensavam que seu império era invencivel e seguro. Mas Ciro, o rei da Pérsia, invadiu a cidade de Babilônia com os portões abertos e a destruiu. Não muito tempo depois emitiu um decreto que permitia os judeus voltar e reconstruir a sua nação. A Babilônia parecia segura, mas a Palavra de Deus é mais segura. A mensagem babilônica transmitida aos cativos caiu por terra e a Palavra de Deus permaneceu.

Embora tratemos desse ponto, o cumprimento maior que Isaías vislumbrava também se concretizou. João Batista surgiu com sua mensagem trovejante, preparando o caminho do Senhor. E o Messias prometido veio, viveu em perfeita obediência à lei de Deus e foi à cruz do Calvário para efetuar a redenção gloriosa predita por Isaías.

Ele deu a todos que o receberam como redentor promessas para sustentá-los na jornada da vida, e lhes assegurou que ao findar essa viagem irá recebê-los em seu Reino glorioso. Os babilônios dos nossos dias prontamente nos asseguram que fomos ludibriados, e que essas promessas não se cumprirão. Nós, porém, temos a resposta ao ceticismo deles, que é esta: se Deus fosse quebrar uma promessa, ele teria quebrado a que exigiu dele enviar seu Filho para a morte vergonhosa e agonizante na cruz. O fato de ter mantido essa promessa, a custo tão elevado, nos dá a certeza de que ele manterá todas as outras promessas. Por isso, podemos dizer triunfantemente: "Amém!" para as palavras de Paulo: "Aquele que não poupou seu próprio Filho, mas o entregou por todos nós, como não nos dará juntamente com ele, e de graça, todas as coisas?" (Rm 8.32).

Que devemos fazer quando estamos sob pressão intensa? Que devemos fazer diante de mensagens rivais? Deve-mos descartar nossa convicção na Palavra de Deus e engolir o que a cultura nos serve? Ou, devemos elaborar certo tipo de síntese que permitirá que acreditemos nas duas mensagens?

A resposta dada aos cativos na Babilônia e para nós é a mesma. Temos a Palavra de Deus confiável e devemos crer nela. Isso não quer dizer que não podemos ter nenhum tipo de contato com nossa cultura. Podemos ouvir nossa cultura quando ela não contradiz a verdade de Deus. Mas quando contradiz, devemos ouvir a Deus.

Em outras palavras, as duas mensagens que soam em nossos ouvidos — a mensagem para rejeitar a Palavra de Deus e a mensagem para aceitar a Palavra de Deus — não são mensagens iguais. A primeira é uma mensagem falha de homens falhos, enquanto que a segunda é a mensagem eterna do Deus eterno. Isaías clama a nós dos seus dias distantes para não exaltar a palavra que desaparece acima da Palavra que permanece para sempre. Ele nos convidaria a dizer com John Newton:

> Meu Deus prometeu-me boas coisas,
> Sua palavra me assegura esperança;
> Ele será meu escudo e minha herança
> Enquanto a vida aqui eu trilhar.

A palavra segura — é o que temos na Palavra de Deus! Deixe que os modernos babilônios zombem e escarneçam! A Palavra do nosso Deus permanecerá! Ele nos deu promessas? Vamos depositá-las no banco! Ele nos deu mandamentos? É melhor obedecê-los! Nenhum detalhe da Palavra de Deus falhará. Estude-a. Medite nela. Creia nela. Viva por ela. Você nunca se arrependerá de confiar na Palavra que permanece em vez de confiar em palavras que caem e desaparecem.

12
A PROMESSA DE
ORIENTAÇÃO

Provérbios 3.5-6

P rovérbios é o livro das veredas. As palavras "vereda" e "caminho" ocorrem pelo menos 33 vezes nos primeiros cinco capítulos desse livro. E existem vários textos relacionados a essas palavras, como "passos", "pé", "andar" e "tropeçar".

De acordo com Provérbios, estamos todos procurando "encontrar a vereda" e "andar na vereda". Isso pode soar muito simples, mas, na verdade, não é tão simples assim.

Encontrar a vereda é difícil. A vida coloca tantos caminhos diferentes diante de nós que pode ficar difícil saber qual delas trilhar. Existem as veredas das decisões importantes diante de nós. Com quem casar? Que tipo de carreira seguir? Onde estudar? Também existem as veredas das questões morais. Salomão, o autor de Provérbios, não demora muito para abordar esse tipo de vereda. Ele fala dos que "abandonam as veredas retas para andarem por caminhos de trevas" (Pv 2.13).

Todos os dias somos confrontados com essas veredas morais e precisamos tomar decisões. Às vezes sabemos qual o caminho certo, mas ocorrem muitas situações em que os sinais da estrada estão todos encobertos e as linhas do mapa parecem borradas.

Há também a questão do *andar na vereda*. Encontrar a vereda certa não quer dizer que será fácil trilhá-la.

As veredas certas parecem ter uma série de curvas abruptas que nos fazem ir ou por um caminho ou por outro e não faltam buracos para nos abalar. Podemos casar com a pessoa certa e mesmo assim passar por tensões em casa. Podemos escolher o que é moralmente correto e ainda assim ser ridicularizados. Quem pensa seriamente na tarefa dupla de encontrar a vereda e andar nela, logo sente necessidade de gritar: "socorro!"

Provérbios 3 oferece boas novas para quem não se sente apto a encontrar a vereda e andar nela: a ajuda está disponível! Encontramos nesse livro de veredas a promessa de que Deus vai prover ajuda.

Tem-se debatido muito acerca da natureza exata da ajuda que Deus promete prover. Algumas versões traduzem a última frase do versículo 6 da seguinte maneira: "...e ele lhe mostrará o caminho certo" (NTLH). Outras traduzem: "...e ele endireitará as suas veredas". Qual dessas traduções devemos adotar? Prefiro deixar que os estudiosos discutam sobre essa questão. Como alguém que se viu muitas vezes vencido e subjugado ao tentar encontrar a vereda e andar nela, recuso-me optar por uma das duas posições e simplesmente admito as duas. Sim, creio que Deus pode dirigir-me para que eu encontre as veredas certas e que também pode endireitá-las para mim à medida que caminho por elas.

A SUFICIÊNCIA DE DEUS

Devemos, portanto, começar nossa análise pela suficiência de Deus em encontrar a vereda e nos fazer andar nela. Não temos condições para isso, mas ele tem.

Do que precisamos para escolher as veredas certas? Sabedoria. O que se espera de nós para encarar os desafios e as dificuldades das veredas que escolhemos? Força. O Senhor possui suprimento de sabedoria e força em abundância.

Se você precisa de provas da *sabedoria de Deus*, tudo o que precisa fazer é olhar para a ordem natural das coisas. Como surgiu toda essa complexidade e beleza? Salomão diz: "Por sua

A PROMESSA DE ORIENTAÇÃO 97

sabedoria o Senhor lançou os alicerces da terra, por seu entendimento fixou no lugar os céus" (v. 19). Se Deus é capaz de unir toda a ordem natural das coisas, jamais devemos duvidar que ele possui a sabedoria para nos ajudar a encontrar as veredas que devemos trilhar.

Acima de tudo, contamos com a *força do Senhor.* Salomão também trata desse aspecto: "Muitos são os planos no coração do homem, mas o que prevalece é o propósito do Senhor" (Pv 19.21). Mais adiante acrescenta: "Não há sabedoria alguma, nem discernimento algum, nem plano algum que possa opor-se ao Senhor" (Pv 21.30).

Salomão não foi o único a destacar a sabedoria e o poder do Senhor. Onde quer que consultemos a Bíblia, encontramos os autores ressaltando esses atributos de Deus. Tome Isaías como exemplo. Esse profeta recebeu uma previsão dos tempos obscuros que viriam sobre sua nação. O povo havia se desviado dos caminhos do Senhor e escolhido veredas de iniqüidade.

Como já observamos, andar nas veredas certas pode ser muito difícil, mas é ainda mais difícil andar nas veredas da maldade. O povo de Isaías estava prestes a descobrir quão difíceis aquelas veredas podiam ser. Aproximava-se o tempo em que os judeus seriam levados cativos para a Babilônia e eles começariam a clamar a Deus por força para caminhar aonde a vereda deles os levara.

Isaías recebeu uma palavra que tornou-se incalculavelmente preciosa nos dias em que até os homens mais fortes sentiam necessidade de novas forças:

Será que você não sabe?
Nunca ouviu falar?
O Senhor é o Deus eterno, o Criador de toda a terra.
Ele não se cansa nem fica exausto; sua sabedoria é insondável.
Ele fortalece o cansado e dá vigor ao que está sem forças
(Is 40.28,29).

O CANAL POR ONDE FLUI A SUFICIÊNCIA DE DEUS PARA NÓS

O fato de Deus ter sabedoria e poder suficiente para nos ajudar a encontrar e andar nas veredas certas não é o bastante. Precisamos descobrir como sua sabedoria e poder podem fazer parte da nossa vida. Essa promessa também trata desse aspecto. Ela nos apresenta o canal através do qual a suficiência de Deus flui até nós.

Dois elementos formam o compelxo do qual esse canal é feito: confiar e reconhecer a Deus. Salomão diz que devemos confiar no Senhor de todo o coração e reconhecê-lo em todos os nossos caminhos.

Confiar em Deus

O que significa confiar em Deus? Precisamos tomar cuidado aqui. Muitos supõem que significa meramente crer que Deus fará qualquer coisa que eles querem que ele faça, mas isso não passa do que o mundo chama "pensamento positivo". Confiar em Deus é completamente diferente. Significa crer que o que ele diz é verdadeiro.

Em outras palavras, fé não é apenas crer *em* Deus, mas confiar em *Deus*. Matthew Poole diz que confiar em Deus significa "depender completa e seguramente das promessas e providência de Deus para socorro e alívio em todos os afazeres e perigos".[1]

Se Deus prometeu ajudar-nos a encontrar a vereda certa e andar nela, devemos confiar que ele o fará! Ele demonstrou seguidamente sua fidelidade em relação suas promessas, e podemos descansar seguros de que ele será fiel quanto a essa promessa também.

---

[1] *A commentary of the whole Bible*, McDonald Publishing Company, vol. II, p. 218.

Confiar em Deus parece fácil, mas é mais difícil do que pode parecer. Salomão nos diz que devemos estar certos de que confiamos de todo o coração, por inteiro. Ele diz que devemos confiar em Deus de "todo" o coração. Não pode haver um coração dividido para crer no Deus suficiente! Com essa pequena palavra "todo", Salomão nos força a lutar contra uma das nossas tendências mais comuns e mais prejudiciais — a tendência de ter o coração dividido. O que é coração dividido? É o coração que parcialmente confia em Deus e parcialmente confia em alguma outra coisa. O cristão que lê a Bíblia e o horóscopo pode ser o exemplo de alguém que tem o coração dividido.

Salomão amplia o sentido de confiar em Deus acrescentando: "e não se apóie em seu próprio entendimento". Alguns entendem que Salomão era anti-intelectual, que ele estava dizendo que Deus não tinha a intenção de usar o cérebro que ele nos deu. Todavia, se apenas mantivermos o contexto claro em mente, não teremos problemas para entender o que Salomão queria dizer. Ele prossegue dizendo que não devemos nos apoiar em nosso entendimento logo após ter dito que devemos confiar em Deus. E confiar em Deus significa depender do que foi dito por Deus. Quando Deus fala acerca de um assunto, não devemos nos apoiar em nosso entendimento. Isto é, não devemos colocar nossas idéias contra a Palavra de Deus. Quando Deus nos diz algo, não devemos julgar o que foi dito, nem discutir sobre a questão, apenas curvar-nos diante do que foi dito.

É necessário sermos lembrados disso pois há muitos aspectos na Palavra de Deus que nos deixam perplexos e podem nos confundir. Os pensamentos do Senhor não são os nossos pensamentos e seus caminhos não são os nossos caminhos (Is 55.8,9).

Reconhecer a Deus

Depois de dizer que devemos confiar em Deus, Salomão diz que devemos reconhecê-lo. Isso significa que devemos reconhecer que dependemos de sua orientação e força. Note mais

100 O Deus de palavra

uma vez que isso deve acontecer por inteiro. Devemos reconhecê-lo em *todos* os nossos caminhos.

É nesse ponto que tantos de nós se perdem. Reconhecemos nossa necessidade de Deus quando as coisas se tornam duras, mas o Senhor quer que o reconheçamos todos os dias de nossa vida, em todas as circunstâncias e em todos os planos e empreendimentos. Ele quer que peçamos sua orientação mesmo quando as circunstâncias parecem claras e achamos que sabemos o que devemos fazer e mesmo quando não sentimos a necessidade de uma força extra. O Senhor quer que digamos como Anni S. Hawks:

> Preciso de ti a cada instante,
> Gracioso Senhor;
> Não há voz tão meiga como a tua,
> Que transmite tamanha paz...
>
> Preciso de ti a cada instante;
> Ensina-me a tua vontade;
> E cumpra em mim
> Tuas ricas promessas.

Qual o resultado de reconhecer Deus em todos os nossos caminhos? Charles Bridges diz: "Nenhum passo sobre o qual alguém orou com fervor, trará desapontamento no final. Embora a promessa não nos torne infalíveis, o nosso erro nos tornará mais humildes e conhecedores de nós mesmo; e assim, essa direção misteriosa será no final reconhecida: 'e os conduziu por caminho seguro'" (Sl 107.7).[2]

O exemplo de Cristo

O Senhor Jesus Cristo é o exemplo supremo de confiança em Deus e de reconhecê-lo em todos os nossos caminhos. Jesus

[2] *A Geneva series commentary*: Proverbs, The Banner of Truth Trust, p. 25.

A PROMESSA DE ORIENTAÇÃO **101**

veio a este mundo com o caminho previamente traçado para ele, uma vereda que exigia que ele passasse por privações e sofrimento e finalmente morresse de maneira agonizante em uma cruz romana. Enquanto Jesus andou por essa vereda, demonstrou completa confiança em seu Pai. Ele manifestou essa confiança inúmeras vezes durante seu ministério público. Certa ocasião ele disse: "Não procuro agradar a mim mesmo, mas àquele que me enviou" (Jo 5.30). Noutra declarou: "Aquele que me enviou está comigo; ele não me deixou sozinho, pois sempre faço o que lhe agrada" (Jo 8.29).

Como o Senhor Jesus demonstrava completa dependência do Pai, ele recebeu forças para o caminho que lhe fora designado. Ele recebeu forças quando foi tentado por Satanás no deserto. Recebeu forças para suportar a hostilidade e ódio dos líderes religiosos e também no Getsêmani.

Visto que o Senhor Jesus dizia ao Pai: "Nele porei a minha confiança" (Hb 2.13), ele recebeu forças para tornar-se o "autor" da nossa salvação (Hb 2.10). Se o autor da nossa salvação encontrou forças por confiar no Pai, quanto mais os que o seguem também encontrarão forças para a vida por confiar no Pai!

A tarefa de encontrar os caminhos e andar neles é demais para você? Você está confuso e desconcertado com o número deles? Você está desanimado com as dificuldades das veredas que escolheu? Firme-se nessa promessa. Existe um Deus totalmente suficiente, capaz e desejoso de derramar sua suficiência em nossa vida se confiarmos nele e o reconhecermos. Podemos não ser capazes de perceber a orientação de Deus no momento em que escolhemos a vereda e podemos não estar conscientes da sua força enquanto caminhamos nela, mas sua sabedoria e força estarão conosco. Ele não prometeu que seríamos sempre capazes de detectar sua sabedoria e sentir sua força. Mas ele prometeu suprir-nos com elas. Confie nele e, no final da vida, você verá que sua sabedoria e força estavam presentes mesmo quando pareciam não estar.

13
A PROMESSA DA ORAÇÃO
ATENDIDA

Mateus 7.7,8; 18.18,19; 21.21,22; Marcos 11.22-24; João 14.13,14; 15.7; 16.23; Tiago 5.13-15; 1João 3.22; 5.14,15

P oucas promessas são repetidas com mais freqüência nas Escrituras que a promessa de Deus em responder às orações do seu povo. Isso é colocado de várias maneiras nos textos mencionados no início desse capítulo. Também é seguro dizer que poucas promessas têm trazido mais confusão para os filhos de Deus do que essa.

DILEMA CRUCIANTE

Por que essa promessa traz tanta confusão? Em poucas palavras, simplesmente porque muitas vezes ela aparenta não ser verdade. Quantas pessoas têm pedido algo a Deus mas ficaram sem resposta?

Satanás, evidentemente, aproveita essas oportunidades para dar suas explicações. Ele rapidamente sussurra no ouvido do cristão: "A promessa de Deus não parece ser verdadeira porque ela de fato não é verdadeira". Depois se apressa para nos garantir que o cristianismo não passa de uma farsa impingida a pessoas ingênuas e crédulas.

Os cristãos têm sido pressionados a explicar como a promessa pode ser tão direta e simples — "Peçam, e lhes será dado" — e ao mesmo tempo existirem tantos exemplos de pessoas que pediram e não receberam.

Talvez a maneira mais conhecida de abordar esse dilema seja localizar o problema em nossa fé. Os que sustentam essa opinião nos asseguram que a falta não está em Deus, que, como eles dizem, está pronto a atender cada um dos nossos pedidos, mas está em nós mesmos. Pedimos alguma coisa a Deus, mas bem lá no fundo realmente não cremos que vamos receber e acabamos não recebendo o que pedimos.

Para essas pessoas, a fé é uma mera questão de pensamento positivo e a chave para recebermos o que queremos é pedir alguma coisas a Deus e em seguida simplesmente "tomar posse da bênção". Não deveríamos orar acerca do mesmo assunto mais de uma vez, porque isso seria clara evidência de falta de fé. Nós simplesmente devemos "especificar o que queremos e 'de-terminar'" e será realizado.

O problema é que existe um grande número de pessoas que pediram alguma coisa a Deus e realmente creram que receberiam o que pediram mas não tiveram o pedido atendido. Quase sempre a fé dessas pessoas parece genuína.

Martyn Lloyd-Jones cita o caso de um pregador famoso, Andrew Murray, que estava planejando uma campanha de pregações quando seu sobrinho ficou doente. O pregador e o sobrinho oraram por cura e supondo que a fé e o pensamento positivo são a mesma coisa, ele foi para a sua viagem de pregações como se o menino tivesse sido curado. Três semanas depois o menino morreu.[1] Estamos falando de pessoas cuja fé estava fora de questionamento, pedindo a Deus alguma coisa sem recebê-la.

Por causa de muitas experiências semelhantes a essa, algumas pessoas "entregaram os pontos" quanto às promessas de Deus em responder orações. O que devemos dizer acerca desse dilema?

---

[1] *Romanos*: exposição sobre capítulos 3:20 a 4:25, São Paulo: Publicações Evangélicas Selecionadas, 2000, p. 273.

A PROMESSA DA ORAÇÃO ATENDIDA 105

Há apenas duas opções: podemos dizer que a promessa de Deus é falsa, ou que ela não significa o que muitos opinam ser.

RESOLVENDO O DILEMA

Uma das chaves para resolver esse dilema é lembrar de duas regras básicas de interpretação bíblica:

1. É preciso prestar muita atenção no contexto, isto é, os versículos que antecedem e sucedem o texto em questão.
2. Devemos sempre procurar reunir tudo o que as Escrituras dizem acerca de determinado assunto e tirar nossas conclusões, em vez de fazê-lo somente com base em um ou dois versículos sobre o assunto; devemos interpretar as Escrituras menos claras por meio das que são mais claras.

Quando aplicamos essas regras às promessas de oração das Escrituras descobrimos que elas não são um "cheque em branco" como tantas vezes são interpretadas por muitos. O contexto no qual muitas das promessas são inseridas exercita um elemento de controle, ou, em outras palavras, um limite colocado em cada promessa.

O LIMITE IMPOSTO PELO PAI SÁBIO

Pense nas palavras de Jesus em Mateus 7.7,8. Elas parecem oferecer um "cheque em branco": "Peçam, e lhes será dado...". O que poderia ser mais claro? Então, pedimos, e nada acontece. Será que a promessa falhou? Impossível! Quando olhamos para os versículos que vêm antes e depois dessa promessa, percebemos que o Senhor Jesus freqüentemente faz referências ao Pai celestial (Mt 5.45; 6.1,4,6,8,9,14,15,18,26,32; 7.11). A frase: "Peçam, e lhes será dado..." está inserida, portanto, no contexto de Deus como Pai.

Se Deus é nosso Pai, isso significa que somos seus filhos. E o que é verdade a respeito de filhos? Eles sempre sabem o que é melhor para si? Não. Sempre pedem aos pais coisas sábias? Não. Muitas vezes desejam ter coisas que são prejudiciais? Sim. Eles não são limitados em entendimento? Sim. Um pai ou uma mãe que dá tudo que o filho pede é bastante insensato.

Todos nós sabemos e concordamos com isso na área de educação de filhos, mas esquecemos desses princípios quando lidamos com o reino espiritual. Deus é o Pai; nós somos os filhos. Como filhos, muitas vezes pedimos coisas que não são sábias e às vezes são até prejudiciais. Semelhantemente aos pais que têm o melhor interesse pelos filhos quando recusam-se a dar o que eles pedem, assim Deus, o Pai, tem o melhor interesse por seus filhos em todas as situações. Ele, portanto, não dará tudo que pedimos, mas sabe dar "boas coisas" aos seus filhos (Mt 7.11).

Proponho, por conseguinte, que as promessas de oração respondida das Escrituras sempre sejam interpretadas, com as sábias prerrogativas do nosso Pai celestial firmes em nossa mente.

O limite imposto pelo nome de Cristo

Outros exemplos em que o contexto serve como elemento de controle sobre as promessas de oração se encontram nos textos que dizem que Deus fará o que for pedido em nome de Cristo (Jo 14.13,14; 16.23). Orar em nome de Jesus significa que reconhecemos o que observamos no início — isto é, que todas as promessas abençoadoras de Deus vêm a nós somente por meio de Cristo. Não temos posição diante de Deus, nenhum direito a coisa alguma das suas mãos, à parte de Cristo.

Será, porém, que isso significa de receber qualquer coisa que pedirmos desde que nos lembre de acrescentar as palavras: "Em nome de Jesus"? Para orar em nome de Jesus devemos orar de maneira coerente com quem ele é e o que ele representa. Antes de apresentar qualquer petição a Deus, portanto, devemos perguntar-nos: "Estes pedidos podem ser feitos honestamente em nome de Jesus? Eles o dignificam?".

Quando testamos verdadeiramente nossos pedidos dessa forma, somos capazes de eliminar os pedidos que são egoístas por natureza e proceder com confiança. William Hendriksen diz o seguinte a respeito da oração feita em nome de Jesus: "Não é difícil ver que esse tipo de oração será *sempre* e *mais seguramente* respondida, porque quem faz a oração jamais desejará alguma coisa que Cristo não deseje!" (grifo do autor).[2]

O limite imposto de permanecer nele

Em uma das promessas da oração, o Senhor Jesus estabelece a condição para o nosso pedido: devemos permanecer nele e suas palavras devem permanecer em nós. Nossa oração, portanto, deve estar baseada na caminhada de comunhão com ele e nos ensinamentos claros da sua Palavra.

O limite imposto pelas Escrituras

Encontramos no contexto das promessas de resposta à oração um elemento de controle como também encontramos a mesma coisa quando comparamos as promessas de oração com outras passagens das Escrituras.

Quem tem a mentalidade do "cheque em branco", negligencia as passagens que revelam que Deus nem sequer ouve algumas das nossas orações, quanto menos respondê-las. O salmista diz: "Se eu acalentasse o pecado no coração, o Senhor não me ouviria" (Sl 66.18).

Encontramos a mesma verdade expressa na profecia de Isaías:

> Vejam! O braço do Senhor não está tão encolhido que não possa salvar, e o seu ouvido tão surdo que não possa ouvir. Mas as suas maldades separaram vocês do seu Deus; os seus pecados esconderam de vocês o rosto dele, e por isso ele não os ouvirá (Is 59.1,2).

[2] *New Testament commentary*: John, Baker Book House, p. 274.

108 O DEUS DE PALAVRA

As Escrituras também nos revelam que Deus não ouve as orações de quem não perdoa (Mc 11.25,26), nem de egoístas (Tg 4.3). Será que isso não explica por que tantas das nossas chamadas "orações" não são atendidas? O Senhor não é obrigado a ouvir as orações se tratamos sua lei com desdém. Será que isso significa que devemos ser perfeitos para podermos esperar que Deus responda nossas orações? Se esse fosse o caso, jamais haveria uma oração atendida, porque não existe nenhum cristão perfeito deste lado da eternidade. Deveríamos, entretanto, entender que esse ensino significa que o cristão deve levar as leis de Deus a sério, esforçando-se diligentemente por guardá-las e, quando falhar, arrepender-se de fato.

Orar de acordo com a vontade de Deus

Enquanto comparamos Escrituras com Escrituras, encontraremos um texto que parece ser bem mais claro, e deveremos então interpretar os textos menos claros à luz desse texto mais claro. Encontramos o texto em 1João 5.14,15.

Precisamos ter em mente que foi o apóstolo João que escreveu essas palavras. Ele era um dos doze apóstolos de Jesus. Esteve presente quando Jesus deu todas as promessas de oração que já vimos. E aqui está sua compreensão de todas elas: "Se pedirmos alguma coisa de acordo com a vontade de Deus, ele nos ouvirá. E se sabemos que ele nos ouve em tudo o que pedimos, sabemos que temos o que dele pedimos".

Os versículos, então, que nos dizem que nossas orações serão atendidas sob a condição de termos fé suficiente (Mt 21.21,22; Mc 11.2-24; Tg 5.13-15), pressupõe que o que pedimos esteja de acordo com a vontade de Deus.

De acordo com a opinião de muitos, não devemos mais orar se temos de orar conforme a vontade de Deus. Se Deus quer algo, por que orar então? A resposta a essa pergunta é que o Deus que quer várias coisas também é o Deus que determinou a oração como o meio pelo qual executa sua vontade.

Para que não nos sintamos constringidos demais por termos de orar de acordo com a vontade de Deus, precisamos manter as seguintes verdades firmes em mente:

1. A vontade de Deus é muito maior que a maioria de nós possa imaginar. Se nos sentimos limitados para orar de acordo com a vontade de Deus, precisamos abrir a Bíblia e familiarizar-nos com a vastidão da vontade de Deus.

2. Orar de acordo com a vontade de Deus não impõe nenhuma restrição quanto ao nosso pedido. Podemos pedir a Deus qualquer coisa que seja boa e legítima, mas devemos reconhecer que ele se obriga a fazer somente o que prometeu.

O povo de Deus deve ser um povo que ora. Uma das principais fontes de força para a nossa viagem aqui é estar em comunicação contínua com nosso "quartel general" no céu. Não teremos vontade de orar, se chegamos a falsas conclusões acerca das promessas de orações e se permitirmos que nossas falsas conclusões nos desiludam. Se lembrarmos que a oração não nos foi dada para que possamos fazer a nossa vontade no céu, mas sim para que possamos fazer a vontade de Deus na terra, descobriremos que a oração é a fonte de força que necessitamos com tanta urgência enquanto estamos a caminho de casa.

14

A PROMESSA DO CUIDADO SUSTENTADOR DE DEUS

Salmos 55.22

O cristão fica constrangido com riquezas porque foi, nas palavras do apóstolo Pedro, abençoado com "grandiosas e preciosas promessas" (2Pe 1.4). A promessa diante de nós é uma das mais conhecidas e amadas de toda a Bíblia. Ela encontra-se no final do capítulo que Davi estava aflito por uma grande crise pessoal. Qual era a natureza dessa crise? Muitos pensam que era a profunda angústia emocional que ele sentiu quando seu amado filho, Absalão, tentou tirar-lhe o trono.

Qualquer que seja a natureza da crise de Davi, uma coisa é clara: o Espírito Santo de Deus o constrangeu a escrever uma promessa que tem ajudado e abençoado os filhos de Deus pelos séculos afora.

UMA REALIDADE COMUM

Existem três aspectos a respeito dessas promessas que nos clamam a atenção. O primeiro e mais óbvio aspecto trata de uma realidade comum da vida cristã, que é, estar sobrecarregado ou preocupado.

Todo filho de Deus sabe o que é estar preocupado de uma maneira ou de outra. O que é um fardo? É algo que nos cansa, oprime e faz ficar aflito, nos faz sentir que estamos no fim de nossas forças. É algo que nos oprime e nos dá um sentimento de peso.

Quando ouvimos falar de preocupações, automaticamente pensamos em aflições e provações específicas. Doenças, perda de um ente querido, de emprego, de um amigo são todos pesos que a maioria de nós precisa carregar em algum ponto da vida. E, às vezes, temos de carregar várias dessas cargas ao mesmo tempo. Mas não deveríamos pensar em preocupações somente em termos de crises específicas ou aflições. Podemos também ser sobrecarregados pelas responsabilidades e cuidados da vida. Existem épocas quando não existe nada especificamente errado, mas nós sentimos que as obrigações com a família, a igreja e a carreira profissional são demais para nós.

Entretanto, há algo mais na palavra "fardo" (ou preo-cupação) do que experimentar uma aflição específica ou sentimento de cuidados gerais da vida. Essa palavra também pode ser traduzida por "dom". Derek Kidner escreve: "A palavra fardo é restritiva demais: significa qualquer coisa que lhe é dada, o que lhe cabe".[1]

Fardo como dom? Para muitos isso soa como ouvir dizer que um círculo é quadrado. Se é fardo, não é dom; e se é dom, não é fardo. Mas a Bíblia deixa claro que Deus, na verdade, nos dá fardo para carregar.

Quem tem problemas com isso são os que pensam que o propósito do Senhor é fazer todo o possível para que nossa vida seja agradável e fácil. Para eles, um fardo é *prima facie*, evidência de que Deus falhou. A verdade, porém, é que o Senhor tem um propósito muito diferente para nós do que simplesmente nos garantir vida fácil. Seu propósito é fazer-nos amadurecer e crescer à sua semelhança e isto requer que ele nos afaste do pensar e agir do mundo e nos leve a depender de sua graça. Dar fardos aos seus filhos é um elemento indispensável para alcançar seu propósito.

[1] *Salmos 1—72*: Introdução e comentário aos livros I e II, São Paulo: Vida Nova, 1981, p. 186.

Uma distinção vital

O segundo aspecto da promessa que requer a nossa atenção é que ela trata com o carregador de fardo e não com o fardo em si. Todos nós temos a tendência de ler nas Escrituras o que queremos achar ali, e é muito fácil fazer isso com essa promessa. Quando estamos sobrecarregados, ficamos interessados em uma única coisa: livrar-nos de tudo que esteja nos sobrecarregando e quanto antes melhor! Assim queremos que essa promessa nos diga que o Senhor vai remover nosso fardo, ou carregá-lo em nosso lugar. Mas, verifique o texto e descobrirá que não é o que se encontra nele. A passagem diz que o Senhor nos susterá e não permitirá que caiamos (ou que sejamos abalados). A promessa, então, não é carregar o fardo, mas sustentar o "carregador". A promessa não é de que o *fardo* será removido, mas sim, que o *justo* não cairá. Se, por outro lado, o fardo fosse tirado, não haveria necessidade de sermos sustentados.

Não pode haver dúvida, é claro, de que Deus pode remover o que nos sobrecarrega e aflige. Bastaria uma palavra dele e os fardos sumiriam. E existem muitos exemplos em que ele removeu fardos e problemas. Mas a regra geral é que Deus não remove o fardo até que aprendemos a carregá-lo com sua graça sustentadora.

O Senhor nos susterá

Vamos observar duas partes dessa promessa. Primeiro, o que significa quando o Senhor diz que vai nos suster? Significa que ele nos apoiará e fortalecerá enquanto carregamos o fardo. Para entender por que o Senhor faz isso, tudo o que precisamos é pensar num pai cujo filho está aprendendo a andar de bicicleta. O pai não anda de bicicleta em lugar da criança. Por outro lado, o pai não deixa a criança sozinha. Ele escolhe o caminho do meio. Deixa que a criança ande de bicicleta e lhe dá o apoio e ajuda necessários para protegê-la de algum acidente. Por que o pai escolheu agir assim? Não seria muito mais fácil para ele simplesmente andar com a bicicleta no lugar da criança? Sim, mas a criança jamais alcançaria a maturidade se o pai fizesse tudo por ela.

O justo não cairá

Isso nos leva à segunda parte da promessa, que diz que o Senhor não permitirá que o justo caia. Não parece que essa parte da promessa fracassou? Não há vários exemplos de pessoas que afirmam confiar no Senhor e que parecem que foram abaladas ou chegaram a cair por causa dos fardos que tiveram de suportar? Precisamos entender que o Senhor está falando aqui a respeito dos justos caírem no sentido final. Ele não está dizendo que o justo nunca será afligido por um fardo. Isso destruiria todo o propósito da promessa, que é tratar da aflição do justo. Davi estava profundamente aflito quando escreveu as palavras desse capítulo. Ele diz: "Os meus pensamentos me perturbam, e estou atordoado" (v. 2); "O meu coração está acelerado" (v. 4); e "Temor e tremor me dominam; o medo tomou conta de mim" (v. 5).

Quando o Senhor diz que jamais permitirá que o justo venha a cair, ele está falando em última instância, isto é, que o justo não será abalado a ponto de perder sua fé em Deus. Charles Spurgeon disse o seguinte a respeito do justo suportar um fardo pesado: "Ele pode ser abalado como os galhos de uma árvore durante a tempestade, mas nunca será agitado a ponto de ser arrancado pelas raízes".[2]

O apóstolo Paulo teve de carregar mais fardos em um ano do que a maioria de nós carregaria durante toda a vida, e ele foi capaz de escrever: "De todos os lados somos [...] abatidos, mas não destruídos" (2Co 4.8,9). Em outras palavras, Paulo foi

---

[2]*The treasury of David*, McDonald publishing Company, vol. I, p. 202.

A PROMESSA DO CUIDADO SUSTENTADOR DE DEUS 115

abatido mas não nocauteado. Assim ocorre com cada filho de Deus e seus fardos.

UMA CONDIÇÃO CLARA

Isso nos traz ao aspecto final dessa promessa. Deveríamos notar que ela contém uma condição. Você está sobrecarregado hoje? Deseja receber a força e o apoio do Senhor? Você deseja ter a certeza de que o fardo não vai enfim derrotá-lo e você não será abalado? Davi diz o que você deve fazer. Deve "entregar suas preocupações (fardos) ao Senhor". O que quer dizer "entregar" nosso fardo ao Senhor? Davi nos dá a resposta nos versículos 16 e 17 desse salmo. Ele diz:

> Eu, porém, clamo a Deus...
> À tarde, pela manhã e ao meio-dia choro angustiado,
> e ele ouve a minha voz.

Entregar suas preocupações ao Senhor significa contar-lhe sobre elas. Você tem conversado com Deus a respeito de suas preocupações? Não? Então provavelmente ele não vai removê-las de você. Quando você as entrega a ele, é possível que ele as devolva a você. Mas, graças a Deus, ele lhe dará algo junto com as preocupações: a graça sustentadora que prometeu.

Essa foi a experiência do apóstolo Paulo. Ele tinha um fardo muito pesado para carregar, que ele chamou "espinho na carne", e três vezes ele foi ao Senhor para pedir que o espinho fosse retirado dele. O Senhor se recusou a retirar o fardo, mas lhe deu estas palavras sustentadoras: "Minha graça é suficiente para você, pois o meu poder se aperfeiçoa na fra-queza" (2Co 12.9).

Fale com o Senhor. Diga-lhe da sua dificuldade em confiar no propósito amável que ele tem para você. Conte-lhe da sua profunda necessidade de força e apoio. Reconheça que ele é quem dá o fardo e peça que o ajude a crescer na graça como resultado desse fardo. Agradeça-o por amar tanto você a ponto de enviar esses fardos de maturidade para sua vida. E confie que ele enviará a graça sustentadora pela qual você orou com fervor.

Ninguém teve mais fardos para carregar do que o próprio Senhor Jesus Cristo. Essa declaração soa estranha para muitas pessoas. Elas têm a noção que a humanidade de Cristo era semelhante a uma roupa que ele vestiu, mas que na verdade não era uma humanidade real. A Bíblia, porém, nos assegura que embora Jesus fosse completamente Deus, ele também era completamente homem. Ele era o Deus-homem. Uma parte da sua experiência humana era carregar fardos e que fardos Cristo carregou!

Veja como Cristo carregou seus fardos. Seguidas vezes o vemos entregando-os ao Senhor. Ele era um homem de oração que constantemente entregava seus fardos e preocupações ao Pai. Lucas relata que Jesus freqüentemente retirava-se para lugares solitários a fim de orar (Lc 5.16); passava a noite orando a Deus (Lc 6.12); e impeliu seus discípulos a orar sempre e nunca desanimar (Lc 18.1).

Que Deus nos ajude a seguir seu exemplo e, ao fazê-lo, não somente encontremos forças para carregar nossos fardos, mas também para monstrar a diferença entre crentes e incrédulos. Incrédulos também têm seus fardos, mas somente os filhos de Deus têm como extrair a graça sustentadora do amoroso Pai celestial quando enfrentam as preocupações da vida. Quando os incrédulos nos vêem extrair essa graça, eles serão convencidos de que existe algo diferente em relação à nossa fé.

15
A PROMESSA DE
PAZ PERFEITA

Isaías 26.3,4

O profeta Isaías trouxe uma mensagem que era ao mesmo tempo sombria e feliz. A parte sombria era que o povo veria sua capital, Jerusalém, e seu glorioso templo ser devastado e destruído e a maior parte deles seria deportada para o cativeiro na Babilônia. A parte feliz da mensagem era que a destruição de Judá e o cativeiro não seriam o final da história. Deus prometeu que o povo seria libertado do cativeiro, retornariam à sua terra natal e reconstruiriam sua cidade e templo. Nesse capítulo da profecia de Isaías encontramos o profeta dedilhando esse alegre acorde. Ele olha além do pecado da nação e o conseqüente julgamento no horizonte para aquele dia feliz da restauração, e irrompe num cântico de celebração. Esse é um cântico profético que as pessoas cantariam quando o cativeiro finalmente terminasse e sua cidade fosse reconstruída. Por meio desse cântico o povo se regozijaria com a força de sua cidade restaurada, força que não vinha dos seus poderosos muros mas do seu poderoso Deus (v. 1). O mesmo Deus que teria sido a segurança deles antes dos babilônios invadirem a cidade, se eles tivessem estado dispostos a deixar de lado seus ídolos e servir somente a ele.

Embora esse cântico tenha sido dado ao povo de Judá dentro desse contexto histórico, ele é rico em significado e conforto para nós também, e isso é especialmente verdade nos dois versículos centrais do capítulo que estamos estudando. Existe,

se me permitem expressar dessa forma, uma gloriosa indistinguibilidade nesses versículos. Você pode percebê-la? O Senhor
guardará em perfeita paz *aquele* cujo propósito está firme nele. A
quem o profeta se refere quando escreve "aquele"? Será que isso
se aplica apenas aos judeus daquela época? Graças a Deus, não!
Não há limitação nem restrição aqui. Qualquer um, em qualquer
época, pode fazer parte dessa indistinguibilidade e desfrutar da
perfeita paz de que trata essa promessa.
Existem três partes distintas e discerníveis nessa promessa.

CONFORTO PRECIOSO

Inicialmente, observe o conforto precioso e raro que essa
promessa oferece: perfeita paz. A que tipo de paz o profeta se
refere? O cristão é alguém que tem paz com Deus. Ele tem o
descanso da alma que já mencionamos anteriormente. Mas aqui
Isaías está tratando de um tipo diferente de paz — o tipo de paz
que nos traz libertação da agitação e ansiedade devidas às
provações e aflições da vida. A paz da qual Isaías está falando é o
mesmo tipo de paz da qual Paulo fala: "Não andem ansiosos por
coisa alguma, mas em tudo, pela oração e súplicas, e com ação de
graças, apresentem seus pedidos a Deus. E a paz de Deus, que
excede todo entendimento, guardará o coração e a mente de vocês
em Cristo Jesus" (Fl 4.6,7). É essa mesma paz que o salmista
menciona em Salmos 112.7: "Não temerá más notícias; seu
coração está firme; confiante no SENHOR ".
Todo cristão sabe que ter paz com Deus não o torna automaticamente estará livre da ansiedade. É por esse motivo que Jesus
constantemente exortava seus discípulos por estarem ansiosos
ou preocupados (Mt 6.25-34).
Os cristãos são chamados a viver sua fé em um mundo de
"arruinadores de paz". As *pessoas* podem arruinar nossa paz: o
cônjuge desagradável, o chefe exigente, crianças desobedientes,
vizinhos importunos. Ainda existem as *circunstâncias* arruinadoras
de paz: sociedade que promove uma guerra impiedosa contra

os nossos valores, doença incômoda que torna a vida incerta e cada dia um peso, as contas que se avolumam rapidamente. Além de tudo há *imaginações* arruinadoras de paz: "E se eu for acometido por essa terrível doença? E se eu não conseguir cumprir com minhas obrigações financeiras quando me aposentar? E se meus filhos e rebelarem contra Deus?" Até *desejos* podem arruinar nossa paz. Podemos gastar muito tempo desejando ardentemente algo que não temos — um bem, uma promoção, prestígio — que não desfrutamos do que temos.

Num mundo como este, muitas vezes ouvimos pessoas dizerem que gostariam de ter "apenas um pouco de paz de vez em quando". O grande fato acerca desse texto é que ele não nos oferece apenas um pouco de paz, mas paz perfeita. Na verdade, a palavra "perfeita", não consta no texto hebraico. Ali a frase simplesmente diz: "Tu, Senhor guardarás em paz aquele cujo propósito está firme em ti". Charles Spurgeon observa que essa era a forma hebraica de "expressar paz enfática; paz verdadeira e real; paz dupla; paz profunda e incomensurável".[1]

Em outras palavras, a promessa oferece paz suficiente para tudo o que a vida descarrega sobre nós. Não, ela não nos oferece vida perfeita nem circunstâncias perfeitas, mas perfeita paz em meio à vida difícil e circunstâncias penosas.

É importante entender isso. Às vezes as pessoas supõe que ser cristão significa que essa pessoa não deve ter problemas sérios. Tão logo alguém do povo de Deus sofre de alguma maneira, sempre aparece alguém para dizer: "Eu pensei que você fosse cristão. Por que isso está acontecendo com você?" O que está por traz do comentário é óbvio: o cristianismo não tem nada de especial, ou o cristão não sofreria.

O que distingue o cristão dos outras pessoas não é ele não ter dificuldades ou problemas, mas que ele ter força e paz em meio às dificuldades.

---

[1]*Metropolitan Tabernacle pulpit*, Pilgrim publications, vol. XXXI, p. 27.

A FONTE DE PAZ

Vamos voltar nossa atenção agora para a fonte dessa paz. *The Authorized Version* [*Versão Autorizada*] traduz o que o profeta diz nesse ponto assim: "Pois no Senhor Jeová há uma força eterna". A *New King James Version* [*Nova Versão do Rei Tiago*] traduz o texto desta maneira: "Pois em YAH, o SENHOR, há uma força eterna".

"YAH" é forma abreviada de Yahweh (ou Iavé). Portanto o que ocorre nesse versículo é que Isaías duplica o nome de Deus. Ele literalmente diz que podemos ter "paz, paz" por causa do nosso "Senhor, Senhor". Albert Barnes diz que essa duplicação do nome de Deus "parece ter intenção expressar, no sentido mais elevado, a majestade, a glória e a santidade de Deus, para transmitir a maior reverência possível onde a linguagem não consegue comunicar completamente a idéia".[2]

Além da duplicação do nome de Deus, Isaías afirma que ele possui "uma força eterna". (A maioria das versões bíblias em português traduz que o Senhor "é uma Rocha eterna".) É interessante observar que o profeta inicia com a nossa necessidade, passa pela perfeita paz, até chegar à "força eterna do Senhor".

Por que somos ansiosos? Não é porque percebemos que muita coisa na nossa vida está fora do nosso controle e que não temos poder para mudar as circunstâncias e eventos diretos?

Deus não sofre essas limitações. Ele é o Deus da força eterna. Para termos uma pequena noção do tamanho da força do Senhor, tudo o que temos de fazer é ler o capítulo 40 de Isaías. Nesse texto vemos a dificuldade de Isaías para descrever a grandeza de Deus. Ele o compara com o maior, o mais sábio, o mais forte, o mais sensato, o mais nobre e o superior, e percebe que todos perdem em importância quando comparados com o majestoso e soberano Deus da eternidade.

---

[2]*Notes on the Old Testament*: Isaiah, Baker Book House, vol. I, p. 406.

A CONDIÇÃO

Chegamos finalmente à terceira parte dessa promessa que trata da condição a ela agregada. O profeta diz: "Tu, SENHOR, guardarás em perfeita paz aquele cujo propósito está firme". Observe que a frase trata de o propósito estar firme "em Deus". O que significa ter o "propósito firme" em alguma coisa? Significa ter isso como apoio. Significa fixar ou estabelecer alguma coisa como fundamento e em seguida colocar nosso peso sobre ela. "Estar firmes" em Deus, portanto, significa confiar nele para sermos amparados, ou depender dele como o fundamento para a nossa vida.

De que maneira podemos estar firmes em Deus? Perceba que a frase de Isaías menciona uma atitude da mente ou "propósito". Nossa mente deve estar firme em Deus. Em outras palavras, nossa mente deve estar apoiada na verdade de Deus. Estar com a mente firme em Deus significa fixar e estabelecer nossa mente na sua verdade e não se deixar arrastar pela "febre" do momento nem pelo ensino mais recente.

Firmar a mente na verdade de Deus deve ser um ato contínuo e progressivo. É aqui que muitos de nós erram. Queremos esperar até que a crise se abata sobre nós antes de firmarmos a mente na verdade de Deus e muitas vezes encontramos pouco conforto. A chave está em firmar a mente na verdade de Deus diariamente. Isso não somente trará paz e alegria profunda para a nossa vida mas também servirá de ponto de referência quando estivermos diante de uma crise.

Também é importante reconhecer que o ato de firmar mente na verdade de Deus deve ser completo. Muitos cristãos cometem o erro de firmar apenas parte da mente na Palavra de Deus. Crêem em partes da Bíblia e ao mesmo tempo também aceitam parte do pensamento humanista da nossa época. Esse tipo de pensamento pode significar alguma sombra na luz da Bíblia e alguma luz na escuridão do mundo. Em ambos os casos fracassam por não firmar-se totalmente Palavra de Deus e conseqüentemente não experimentam por completo a paz e Deus.

Se queremos usufruir perfeita paz dessa promessa, precisamos fazer a nossa parte que é descansar contínua e completamente na verdade da Palavra de Deus. Quão abençoada é a pessoa que coloca isso em prática! As provações da vida não podem abalar a sua paz porque, fortalecida na Palavra, ela sabe que todas as provações que vêm ao seu encontro são para o seu bem e para glória de Deus (Rm 8.28). Mesmo a morte não pode abalá-la, porque ela sabe que sua cidadania está no céu (Fl 3.20,21) e, como Paulo, confia que estar ausente do corpo é estar na presença do Senhor (2Co 5.6-8).

O Senhor Jesus era acima de tudo um homem de paz. Ele sempre estava sereno e calmo, não importando as circunstâncias ou a gravidade e rudeza das provações. Jesus nunca ficou "estressado", embora tivesse motivo suficiente para isso. Ele experimentou interrupções e intromissões contínuas. Ele carregava o terrível fardo ao compartilhar as tristezas e dores daqueles a quem ministrava. Ele suportou a hostilidade dos inimigos. Mas, apesar de tudo isso, Jesus não mostrou traço de nervosismo, irritabilidade nem impaciência.

Se examinarmos mais de perto a vida de Jesus vamos descobrir o segredo da sua paz. Esse é o aspecto principal da ênfase de Isaías. Jesus "firmou" a mente em Deus, o Pai. Sua mente estava totalmente absorvida e concentrada na Palavra de Deus. Basta olhar para as tentações no deserto para ver sua completa dependência da Palavra de Deus. Ali ele enfrentou cada uma das tentações de Satanás dizendo: "Está escrito..." (Mt 4.4,7,10).

O cristão que segue o exemplo do seu Senhor terá a paz do seu Senhor. O cristão que firmou sua mente na Palavra de Deus continua enfrentando provações reais que trazem dor real para sua vida, mas essa dor não pode abafar a perfeita paz que ele tem, e ele consegue cantar em meio ao sofrimento:

Toda alegria ou provação vem de cima,
Determinada pelo "Sol do amor";
Podemos confiar completamente que ele faz tudo por nós;
Quem nele confia completamente,
descobre que ele é plenamente verdadeiro.
Firmados em Jeová, o coração é completamente abençoado.
Encontra, como ele prometeu, perfeita paz e descanso.

16
A PROMESSA DE SUPRIR
NOSSAS NECESSIDADES

Filipenses 4.19

*T*emos a tendência de tornar as promessas de Deus abrangentes ou restritas demais. Tornamos as promessas abrangentes demais quando as aplicamos a pessoas, situações e circunstâncias que essas promessas nunca tencionavam cobrir. Ou, tornamos as promessas tão restritas que nada sobra delas.

O resultado de tornarmos as promessas abrangentes demais é a desilusão. Quando tentamos "esticar" as promessas para cobrir aquilo para o qual elas nunca foram planejadas, elas simplesmente não se cumprem, e concluímos que Deus falhou e não é dígno de confiança. Muitas pessoas ficam ressentidas com Deus porque pensam que Deus falhou com elas, mas a verdadeira falha ocorreu por pensarem que Deus lhes prometera algo que na verdade não prometera.

A consequência de restringir demais as promessas é a perda das bênçãos que elas oferecem. Uma promessa reduzida ou limitada não nos estimula a desejar seu cumprimento, muito menos esperar que ela se cumpra de fato.

A promessa de que tratamos aqui é um verdadeiro desafio quanto à questão de abrangência. Por um lado, temos o apóstolo Paulo prometendo aos filipenses que Deus supriria todas as necessidades deles. Essa promessa tem sido considerada para todo o povo de Deus em todas as épocas. Por outro lado, não é difícil encontrar cristãos que apresentam grande necessidade. Alguns estão doentes. Outros são pobres. Alguns não têm comida nem abrigo adequado.

O próprio Paulo admitiu que aprendera a "passar necessidade" (v. 12) pouco antes de prometer aos filipenses que Deus supriria todas as suas necessidades. E Paulo sabia do que a estava falando quando se referiu passar necessidade. Leia sua segunda carta aos coríntios e encontrará uma longa lista que ele sofreu no ministério: fadiga (necessidade de descanso), ficar sem dormir (necessidade de sono), fome (necessidade de comida) e frio (necessidade de abrigo) (2Co 11.27). Eis a grande questão: como podia um homem que tinha passado por tantas necessidades prometer aos filipenses que Deus supriria todas as necessidades deles?

Como resolver esse dilema? Afirmar meramente que Paulo sofreu todas essas dificuldades porque lhe faltava fé em Deus? (É assim que, de fato, muitos hoje estariam propensos a resolver o problema. Sempre que o cristão está doente ou em dificuldade financeira, existem pessoas prontas a dizer que ele não confiou em Deus.) Ou diremos que Paulo passou por necessidades como os cristãos hoje passam por necessidades, porque a promessa é falsa? A resposta está em identificar tanto as limitações que envolvem a promessa, quanto sua abrangência.

AS LIMITAÇÕES DA PROMESSA

Precisamos primeiramente entender que há certos limites a essa promessa.

Um deles é que *ela se aplica somente aos cristãos*. Paulo diz que Deus supre as necessidades "em Cristo Jesus". Como já vimos, é por meio de Cristo que recebemos todas as promessas. Ele as recebe de Deus, o Pai, e então as transmite a seu povo. Se não temos Cristo, não podemos esperar o benefício de nenhuma promessa de Deus.

Outro limite que restringe a promessa é que ela *trata somente das nossas necessidades, não dos nossos desejos.* Muitos de nós não é muito hábil em distinguir entre os dois. Imaginamos não precisar do que na verdade necessitamos. Todo pai e mãe sabe o que isso significa. As crianças são peritas em confundir o que necessitam com o que querem e o pai ou a mãe, às vezes, precisa negar ao filho o que ele quer para poder dar o que ele necessita. Nós podemos ser muito parecidos com crianças imaturas em relação a Deus e começar a exigir que ele supra nossos desejos, mas, nas palavras de Warren Wiersbe: "Deus não prometeu suprir toda a nossa ganância".[1]

Paulo poderia facilmente ter ficado confuso a respeito da troca de desejos por necessidades. Aqui, o mais notável porta-voz da fé cristã, escreve aos filipenses de uma cela na prisão. Da perspectiva humana poderia parecer que sua maior necessidade era ser liberto da prisão para que o progresso das igrejas não fosse colocado em risco. Mas o Senhor tinha outros planos e Paulo sabia que os planos do Senhor são sempre melhores.

O terceiro limite que precisamos ter em mente é *a diferença entre sentir uma necessidade e ter a necessidade suprida.* A promessa não diz que os filipenses nunca teriam necessidades, mas sim, que Deus as supriria. Sem dúvida Paulo teve alguma necessidade por um tempo dentro daquela cela da prisão, mas Deus supriu essa necessidade. Os filipenses enviaram donativos por intermédio de Epafrodito (Fl 2.25; 4.18). Os donativos supriram uma necessidade e Epafrodito supriu a outra: a necessidade de companheirismo e comunhão.

O ponto importante aqui é que o Senhor não impediu Paulo de experimentar a necessidade, mas ele a supriu. É necessária a existência de uma necessidade para que ela possa ser suprida. Temos a tendência de pensar que, se passamos por uma necessidade, o Senhor falhou conosco; mas a promessa não diz que nunca passaríamos por necessidades. O Senhor nos

[1] *The Bible exposition commentary*, Victor Books, vol. II, p. 98.

128 O Deus de palavra

deixa passar por necessidades por um tempo e depois as supre no seu tempo e à sua maneira.

Existe mais um limite que devemos lembrar. Já mencionei que a promessa se aplica apenas aos cristãos. O contexto dessa promessa dá a entender *uma condição que os cristãos devem satisfazer.* Lembre-se que Paulo escreveu essa promessa aos filipenses logo depois que eles enviaram os donativos. Na verdade, Paulo estava dizendo: "Vocês supriram minha necessidade e agora vocês podem descansar seguros de que Deus suprirá as necessidades de vocês". Em outras palavras, eu sugiro que mesmo nós, cristãos, não devemos esperar automaticamente que Deus supra nossas necessidades, se não estamos dispostos a ser usados por ele para suprir as necessidades de outras pessoas. Deus é gracioso e muitas vezes supre nossas necessidades mesmo quando não o estamos servindo como deveríamos, mas ele não é obrigado a abençoar o filho desobediente.

O Senhor Jesus exprimiu essencialmente o mesmo princípio quando disse: "Dêem, e lhes será dado; uma boa medida, calcada, sacudida e transbordante será dada a vocês. Pois a medida que usarem também será usada para medir vocês" (Lc 6.38).

Paulo expressou um princípio semelhante aos coríntios: "Aquele que semeia pouco, também colherá pouco, e aquele que semeia com fartura, também colherá fartamente" (2 Co 9.6).

Em outra situação, o Senhor Jesus prometeu aos discípulos que seu Pai celestial supriria suas necessidades básicas, mas também incluiu uma condição: "Busquem, pois, em primeiro lugar o Reino de Deus e a sua justiça, e todas essas coisas lhes serão acrescentadas" (Mt 6.33). Queremos que Deus supra nossas necessidades, mas nós, muitas vezes, falhamos em buscar o seu Reino.

Tudo isto nos mostra que certamente existem limitações para essa promessa. Muitos têm dificuldades em aceitar esta verdade. Pensam que qualquer restrição torna a promessa sem valor e sobra apenas uma casca oca. Graças a Deus, não é assim.

A ABRANGÊNCIA DA PROMESSA

O apóstolo refere-se às "riquezas em glória" de Deus, ou suas gloriosas riquezas. As riquezas de Deus são tão vastas que jamais diminuem, mesmo quando ele supre as necessidades de seus filhos. Dessas riquezas Deus dá aos seus filhos de maneira esplendorosa e magnífica. Às vezes ele nos dá uma bênção ao retirar a necessidade. Outras vezes ele não tira a necessidade, mas nos dá forças para suportá-la. Paulo experimentou as duas situações. No tempo oportuno, o Senhor o libertou da prisão, mas antes de ser liberto ele recebeu forças para suportar o sofrimento. Por isso, Paulo era capaz de agradecer ao Senhor por dar-lhe tanto as forças para enfrentar a prisão quanto, finalmente, a libertação dela. A Timóteo ele escreveu: "Mas o Senhor permaneceu ao meu lado e me deu forças [...] E eu fui liberto da boca do leão" (2Tm 4.17).

O salmista celebrou os mesmos aspectos de como Deus supre as nossas necessidades, ao escrever: "Com o seu auxílio posso atacar uma tropa; com o meu Deus posso transpor muralhas" (Sl 18.29). Às vezes Deus nos faz transpor a muralha da nossa necessidade. Outras vezes ele nos dá forças para passar por uma tropa inteira de necessidades. Nos dois casos experimentamos suas riquezas.

Preferimos transpor a muralha, é claro. Queremos que Deus supra nossa necessidade, livrando-nos dela. Mas nunca devemos menosprezar a bênção de Deus quando ele nos fortalece quando estamos necessitados. Paulo achou essa bênção tão maravilhosa que exclamou: "Tudo posso naquele que me fortalece" (Fl 4.13).

Esta, afinal, é a resposta para a pergunta inicial. De que maneira Paulo podia experimentar tanta necessidade, e, mesmo assim, prometer aos filipenses que Deus supriria todas as necessidades deles? Ele havia experimentado a atuação divina, ocasionalmente, vendo Deus remover suas necessidades, mas Deus sempre deu forças para que ele pudesse enfrentá-las.

Portanto, essa promessa é muito abrangente. Você ainda duvida? Observe mais uma vez essas palavras: "em Cristo Jesus". Existe a prova final, tanto das riquezas de Deus, quanto da sua prontidão em usá-las a nosso favor. O Senhor Jesus veio lá da glória do céu para sofrer a dor e agonia do Calvário; e ele fez tudo isso para que pudéssemos ser salvos. Se Deus foi tão longe para suprir nossa maior necessidade — a salvação — jamais devemos duvidar de sua prontidão em suprir necessidades menores.

Qual deve ser nossa resposta à promessa limitada mas ao mesmo tempo ampla? Não está claro? Devemos parar de nos preocupar e atormentar com as necessidades básicas da vida, e, de acordo com as palavras de Jesus, buscar em primeiro lugar o Reino de Deus e a sua justiça. Isto é, devemos substituir todas as nossas pequenas preocupações pela maior preocupação da vida.

A maioria de nós tem uma certa dificuldade nesse aspecto. Parece que somos incapazes de deixar de nos preocupar com as necessidades básicas da vida. Se não temos nada mais para preocupar-nos, então nos preocupamos por estarmos preocupados demais. Como disse certo escritor: "Eu me associei ao 'Clube dos Despreocupados' e agora estou numa grande ansiedade. Estou com tanto medo de me preocupar que estou morrendo de preocupação!"[2]

Joel Gregory mostra como derrotar a preocupação com a seguinte história: "Um dos antigos pilotos ousados estava circunavegando o globo em seu pequeno avião. Quando estava à cerca de 3200 quilômetros de altura (sobre o mar), ouviu o som de um animal roendo em algum lugar bem debaixo do seu assento. Ao prestar mais atenção, constatou que era um rato roendo os fios elétricos e o material de isolamento do avião. Ele compreendeu que estava em grande dificuldade. O que fazer? Então se lembrou que os ratos são criaturas subterrâneas

[2] *Growing pains of the soul*, Word Books, p. 53.

ou terrestres. E começou a voar cada vez mais alto — mil metros, depois mais mil — até chegar a quase sete mil metros de altura. O animal parou de roer. Quando ele chegou ao seu destino e finalmente pousou, encontrou um rato morto debaixo do assoalho do seu banco".

Gregory faz a seguinte aplicação: "O rato estava roendo a própria corda na qual ele estava suspenso. E o que fez o piloto? Ele descobriu que se elevasse toda a situação para outra atmosfera, literalmente, a ameaça do rato que o preocupava, seria removida. Jesus diz que devemos passar para outra atmosfera — uma confiança calma e tranqüila, é o tipo de confiança que as criancinhas têm em relação ao Pai celestial".[3]

[3]Ibid., p. 38.

17

A PROMESSA DE
REFÚGIO E FORTALEZA

Salmos 46.1-5

O s terremotos são raros na maior parte do mundo, mas "tremores de coração" são comuns como chuvas de verão. O "tremor de coração" ocorre quando trememos de medo por causa de uma ameaça real ou imaginária. Não ouso dizer que os cristãos jamais experimentarão um "tremor de coração", porém, sugiro que saibam agir quando sentirem o ataque violento do medo e sejam capazes de encontrar alívio para esse medo.

A maioria dos salmos foi escrita por Davi, mas o salmo acima parece ter sido escrito muitos anos depois do tempo desse rei e acrescentado à coleção de seus salmos. John Stott escreveu: "A situação descrita no salmo, junto com sua semelhança metafórica e fraseológica com algumas profecias de Isaías, dá a entender a derrota do exército de Senaqueribe em 701 a.C".[1]

A derrota ocorreu como resultado da intervenção soberana do Senhor a favor do povo de Judá. Senaqueribe havia cercado a cidade com o seu enorme exército. Vangloriando-se que havia feito do rei Ezequias e do povo de Jerusalém "um pássaro engaiolado", Senaqueribe exigiu a rendição. Essa situação desoladora parecia sem esperança, mas Isaías pronunciou essa palavra confortadora de Deus a Ezequias (em relação à cidade de Jerusalém): "Eu a defenderei e a salvarei, por amor de mim

---

[1] *Favorite psams*, Moody Press, p. 58.

mesmo e do meu servo Davi" (2Rs 19.34). A ameaça terminou quando o anjo do Senhor entrou no acampamento assírio e matou uma grande multidão (2Rs 19.35,36).

O autor deste salmo sabia, portanto, o que significava sentir medo, mas também conhecia algumas verdades que tinham o poder de aliviar o medo. Este salmo ele fala de Deus como refúgio inabalável (v. 1-3) e como um rio sustentador (v. 4,5).

DEUS, O REFÚGIO INABALÁVEL

Talvez a melhor maneira de lidar com o medo seja imaginar o pior enredo possível e procurar determinar onde ele nos levaria. Parece que foi o que o salmista fez. Ele procurou retratar uma calamidade da forma mais sombria possível. Tomou as duas coisas mais estáveis e imutáveis que vieram à sua mente, a terra e as montanhas e a força mais agitada e ameaçadora da qual conseguiu se lembrar, o mar, e as contrastou. O que aconteceria se a terra tremesse e se mudasse? O que aconteceria se os montes afundassem no coração do mar? Como seria se tudo o que é estável e seguro subitamente fosse engolido pela turbulência e desordem? Que aconteceria se tudo que está preso repentinamente se soltasse? Que fazer então?

Esta é uma abordagem inteiramente diferente de tudo que a maioria de nós jamais contemplou. Quase sempre supomos que nada vai mudar drasticamente em nosso mundo.

Algum tempo atrás ouvi um programa de rádio, com a participação dos ouvintes por telefone, cujo tema era investimentos. O senhor que estava recebendo as perguntas sugeria que se as pessoas quisessem investir com segurança, deveriam investir nos programas do governo. Quando questionado a respeito de sua preferência, ele disse que o governo sempre existirá. Ele, obviamente, nunca tinha pensado na possibilidade de nações poderem desaparecer.

O homem que escreveu este salmo tinha um profundo discernimento que a maioria de nós nunca chegará a ter. Ele propõe um princípio radical sobre a questão de lidar com o medo: sacuda tudo que pode ser sacudido, veja o que sobrou e viva com isto. Isso até pode soar bonito na teoria, mas como se resolveu na vida desse homem? Com o que ele ficou? Com "Deus". Ele afirma em tom desafiador: "Deus é o nosso refúgio e a nossa fortaleza, auxílio sempre presente na adversidade" (v. 1). Além disso, diz: "O Senhor dos Exércitos está conosco; o Deus de Jacó é a nossa torre segura" (v. 7,11).

Você percebe o que o autor está dizendo? Permita-me colocar palavras na boca desse salmista: "Tire tudo. Destrua a terra e afunde os montes no mar e você nem chegou a me tocar. Minha paz não depende da continuação da vida como a conheço. Tudo o que é meu e o que sou não está investido nesta vida, mas em Deus que é o meu refúgio. Quando os montes e a terra desaparecerem, meu refúgio continuará inabalável".

Isso não quer dizer que não teremos mais problemas, que as dificuldades simplesmente desaparecerão. Esse tipo de interpretação contraria tudo que este salmo procura transmitir. O ponto principal do salmo é que temos refúgio ou abrigo em meio à dificuldade. Não importa quão dolorosas nossas circunstâncias possam ser, nem quão incerto nosso futuro pareça, podemos confiar nas verdades proclamadas pelo salmo: Deus existe; Deus está conosco; Deus está conosco para nos ajudar e o propósito de Deus não falhará.

Lemos estas verdades e imediatamente chegamos à conclusão de que Deus tem a obrigação de fazer exatamente o que nós queremos que ele faça. E, se ele não o fizer, concluímos que ele falhou em nos ajudar. Nunca devemos perder de vista o fato de que os caminhos de Deus são muito maiores que os nossos caminhos, e ele freqüentemente nos ajuda quando estamos completamente inconscientes disso. Este salmo não nos permite sermos absorvidos pelo nosso pequeno cantinho do universo, e convida à concentração no propósito muito mais amplo de Deus.

136 O DEUS DE PALAVRA

O hino de Martinho Lutero, "Castelo Forte",* baseia-se neste salmo, e reflete com precisão o que o salmista tinha em mente:

Se vierem roubar
os bens, vida e o lar —
que tudo se vá!
Proveito não lhes dá.
O céu é nossa herança.

Portanto, a primeira coisa que devemos fazer para combater o medo é fixar nossos olhos em Deus que infalivelmente nos guarda e oferece abrigo em meio a circunstâncias difíceis.

DEUS, O RIO SUSTENTADOR

Isto é apenas a metade da história. O salmista não fica contente em simplesmente referir-se a Deus como nosso refúgio protetor. Ele também descreve Deus como o nosso rio sustentador. (v. 4,5).

Naquela época todas as cidades eram cercadas por muros e era muito difícil o inimigo entrar na cidade. Era comum, portanto, os exércitos inimigos simplesmente cercarem a cidade e esperarem que os habitantes ficassem sem comida e água. A água era realmente o item mais crítico. Se a cidade não tivesse um bom suprimento de água, estaria em grande dificuldade.

A cidade de Jerusalém era extremamente vulnerável em relação ao suprimento de água até que o rei Ezequias construiu o canal de Giom. Esse túnel deu à cidade suprimento abundante de água e impediu os inimigos de usarem a estratégia mencionada acima. O fato deste salmo mencionar um rio que alegra a cidade de Deus (v. 4) é forte indício de ter sido escrito depois que Ezequias construiu o famoso canal.

*Hinário luterano, 7. ed. Porto Alegre: Concórdia, 1994, hino n.º 165.

O salmista destaca um ponto: Deus é para o seu povo como o rio era para aquela cidade. Do mesmo modo que o rio estava lá para sustentar a cidade, assim Deus está presente para nos sustentar.

Quando juntamos este quadro de Deus com o outro, no qual Deus é o nosso refúgio, temos tudo o que precisamos para derrotar o espectro do medo. É maravilhoso ter Deus como refúgio, mas também precisamos dele como rio. Não adiantaria nada para as pessoas daquela época ter uma fortaleza para se esconder se nela não houvesse o necessário para a sobrevivência. Eles precisavam do sustento tanto quanto do abrigo.

O que tudo isto tem a ver com nossa busca de lidar com o medo? Deixe-me dizer deste modo: o que alimentarmos, crescerá. Se alimentamos nossos medos podemos ter certeza de que eles se tornarão monstruosos. Mas se alimentarmos a fé, o oposto de medo, ela crescerá e nossos medos começarão a encolher.

Alguns cristãos nunca são capazes de vencer o medo durante uma crise porque jamais entenderam este princípio básico — devemos conservar a nossa força espiritual antes que venha a crise. O rio não era para ser usado somente em tempos de crise, mas para servir de sustento no dia-a-dia. Se buscamos forças em Deus diariamente, será natural fazê-lo em uma época de crise.

A verdade é que quase todos nós desejamos que Deus esteja conosco na crise, mas falhamos em nutrir nosso relacionamento com ele antes da crise vir. Queremos que ele esteja presente para nos libertar do medo, mas não queremos exercitar o que tornará a nossa fé forte.

E o que torna a fé forte? Não pode haver atalhos aqui. Deus estabeleceu certos meios para recebermos sustento espiritual. São o estudo da Bíblia, a oração, os cultos regulares na casa de Deus e a comunhão com o povo de Deus. Não esqueça: sua fé jamais se tornará forte se você negligenciar estas coisas.

O medo está se tornando epidêmico e muitos são incapazes de enfrentá-lo. O cristão, no entanto, tem um recurso. Enquanto está na vereda da vida, ele pode extrair forças, sabendo que Deus é o seu refúgio e o seu rio. O cristão sabe que, não importa o tamanho dos problemas, Deus é suficiente para ele. Como sabemos que estas coisas são verdadeiras? Afirmar que algo é verdade não o torna verdade. Muitos não hesitariam em declarar que os cristãos alegam que Deus é seu refúgio inabalável e rio sustentador simplesmente porque desejam que ele fosse assim.

Será que esse era o caso do salmista? Será que ele estava sendo levado por seus desejos, ou existia algo mais profundo em seu coração? Como mencionamos, o salmista tinha evidências sólidas ao declarar que Deus era seu refúgio e seu rio. Ele podia aludir a um fato histórico que provava a suficiência de Deus para o povo. Senaqueribe ameaçara a cidade, mas o Senhor havia prometido defendê-la e Senaqueribe teve de levantar o acampamento e bater em retirada. Não havia necessidade de mais provas da suficiência de Deus.

Os cristãos podem reivindicar triunfantemente a suficiência de Deus para as provações e crises da vida baseados em evidências históricas ainda mais sólidas. Quando o anjo anunciou o nascimento de Jesus a José, ele disse que o seu nome seria Emanuel, que significa "Deus conosco" (Mt 1.23). Como podemos duvidar da suficiência de Deus para nós quando ele nos deu o próprio Filho? A presença de Cristo na história da humanidade ressoa triunfantemente a verdade de que o próprio Deus esteve entre nós para ser "auxílio sempre presente". Ao vir habitar entre nós Cristo nos assegura que podemos encontrar em Deus um refúgio inabalável para nos proteger das aflições da vida, e graças a Deus, do próprio inferno na vida futura. A presença de Cristo nos assegura que temos um rio em Deus. Podemos extrair sua graça sustentadora a cada dia de nossa vida.

18

A PROMESSA DA IGREJA TRIUNFANTE

Mateus 16.13-19

*E*la é um dos grandes amores da minha vida. Eu a amo tanto que gasto generosamente meu tempo e dinheiro com ela. Eu a amo tanto que não vejo a hora de poder estar com ela novamente. Eu a amo tanto que estaria disposto a morrer por ela. Ela é a mãe dos meus filhos. Para mim sua beleza é indescritível. Está mais bela agora que naquele dia abençoado quando a vi pela primeira vez.

Todas estas palavras são verdadeiras a respeito da minha esposa maravilhosa, mas não estou falando dela, e sim sobre a igreja do Senhor Jesus Cristo. Ela é um dos meus amores. Ela é a mãe dos meus filhos; meus filhos biológicos se tornaram filhos de Deus por meio da fiel proclamação do evangelho feita por ela. Ela é bonita para mim e está se tornando mais bonita a cada dia que passa. Eu daria a minha vida por ela. Eu amo a igreja de Jesus Cristo com todas as fibras do meu coração e com toda a minha devoção.

Sou tão grato por Jesus ter uma igreja. Sou tão feliz em poder fazer parte dela. Sou tão grato que não preciso me afligir com o seu futuro, porque tenho uma promessa do próprio Senhor Jesus de que a sua igreja estará segura para sempre.

Olhe comigo para esta promessa. Reflita sobre ela. Extraia o néctar de conforto que ela produz. Descanse nela. Alegre-se nela.

A GLÓRIA DA IGREJA

Inicialmente, pense comigo na gloriosa igreja de Jesus Cristo. Os antigos teólogos dividiam a igreja em dois grupos: a igreja militante e a igreja triunfante. A igreja triunfante se constitui de todos os crentes que partiram para estar com o Senhor. Sua batalha terminou e seu descanso começou. Eles não enfrentam mais a luta, o sofrimento e a angústia. Estão agora no estado de descanso perfeito. Porém, nós fazemos parte da igreja militante. Ainda estamos neste mundo de desordem e luta.

A igreja é tão gloriosa, que meras palavras não conseguem descrevê-la. Ela é uma edificação espiritual composta de cristãos individuais. Fomos colocados nesse edifício pela graça de Deus. Foi ela que nos encontrou na "pedreira" da humanidade. Foi a graça que nos retirou de lá, que nos quebrou e lavrou. Foi a graça que nos transformou em pedras vivas e nos inseriu na igreja.

A igreja é gloriosa por causa dessa graça. Não merecíamos fazer parte da igreja assim como os outros "materiais" da "pedreira da humanidade". Éramos pecadores como os demais. Havíamos quebrado a santa lei de Deus e merecíamos somente ira e condenação. Mas essa indescritível e incomparável graça de Deus enviou o Senhor Jesus Cristo à cruz do Calvário. Ali ele recebeu, em si mesmo, o castigo que legalmente era nosso. Ali ele derramou seu sangue por nós. Nas palavras do apóstolo Paulo: "Cristo [...] amou a sua igreja e seu deu por ela".

Agora a igreja pertence a Cristo. Ela é sua possessão comprada e estimada e ele tem um propósito para ela. Ela deve anunciar as grandezas dele (1Pe 2.9,10).

A igreja, portanto, é gloriosa por causa da "pedreira" da qual ela foi tirada (a pedreira do pecado), por causa da graça que a comprou e por causa do propósito que o Senhor tem para ela.

SATANÁS ODEIA A IGREJA

Quanto devemos nos regozijar com a igreja! Quanto devemos nos gloriar nela! Mas nem todos regozijam-se nela. Nem todos a amam. Deixe de lado por um instante, o quadro glorioso da graça de Deus que nos arrancou da "pedreira do pecado" e nos tornou parte da casa espiritual, a igreja. Analise comigo uma verdade muito triste e sombria, a saber, o profundo ódio que Satanás tem pela igreja.

Satanás odeia a igreja com um ódio tão grande quanto o maior amor que a igreja conheceu — o amor de Cristo. Ele a odeia intensa e fervorosamente. Ele a odeia porque a perdeu. Ele chegou a ter domínio sobre cada membro da igreja, como faz agora com todos os que não pertencem a Deus. Cada membro da igreja era parte de sua "pedreira" e o Senhor Jesus veio e o tirou dele.

Satanás também odeia a igreja porque ela simboliza tudo o que ele odeia. Já mencionamos que o Senhor tem um propósito para a igreja. Ela existe para demonstrar a glória da redenção e a total insensatez dos que vivem para Satanás. A igreja deve ser pura, justa e santa e tudo isso a torna desprezível aos olhos de Satanás.

Por odiar a igreja tão intensamente, Satanás está continuamente ocupado, procurando destruí-la. Jesus fala das portas do inferno (ou Hades). Todas as cidades daquela época tinham muros e portas altos. As portas eram o meio de entrar ou sair delas. A verdade que Jesus estava comunicando quando mencionou as "portas do inferno" é de ver Satanás sentado em seu quartel general — o inferno — despachando pelas portas todos os planos e estratégias imagináveis para destruir a igreja.

A doutrina falsa é um dos piores perigos que a igreja pode enfrentar. De onde surge a falsa doutrina? Diretamente das portas do inferno, elaborada pelo próprio Satanás!

A hipocrisia é outro perigo terrível para a igreja. Quando cristãos professos mostram por meio de sua vida que não são o que professam ser, o mundo ri da igreja e ridiculariza sua mensagem. De onde vem a hipocrisia? É uma conspiração desenvolvida no próprio inferno e enviada de suas portas.

Dissensão na igreja, perseguição, apatia, egoísmo, infantilidade, raiva e ressentimento, o espírito crítico e dissonante —

tudo que obstrui em vez de ajudar a igreja, que reduz seus passos e entristece seu espírito, divide sua atenção, exaure sua energia — pode ter certeza que foi gerado no inferno entre gritos demoníacos de alegria, e despachados por suas portas sobre uma igreja que de nada suspeita.

Temos, portanto, a igreja gloriosa que é odiada pelo inferno e atacada por todo tipo de plano diabólico imaginável. É difícil para o cristão que está sentado confortavelmente em um culto de adoração, compreender esta situação, mas, crendo ou não, existe uma luta cósmica ao redor da igreja de Cristo. Cada vez que a igreja se reúne para adorar, céu e inferno se defrontam em uma batalha. Cada vez que a igreja sai para ministrar neste mundo perdido, o inferno resistirá a ela.

A SEGURANÇA DA IGREJA

Qual será o resultado dessa batalha? Às vezes parece que a igreja está em estado de exaustão, pronta a dar o último suspiro. Graças a Deus, não precisamos nos preocupar com o resultado final da luta. Temos uma promessa do Senhor Jesus que nos fala do firme fundamento que a igreja tem e quão maravilhosamente segura ela está.

Não precisamos nos preocupar com a igreja porque ela está edificada sobre a rocha invencível e indestrutível. O que ou quem é essa rocha? É Simão Pedro? Certamente deveríamos tremer se a igreja tivesse sido edificada sobre qualquer homem. Mas, graças a Deus, o fundamento é muito mais seguro que isso!

O Senhor Jesus Cristo é o fundamento da igreja. Simão Pedro foi apenas aquele que fez a confissão genuína da verdade a respeito de Jesus. Jesus havia perguntado o que os discípulos tinham a dizer a respeito de quem ele era e Simão Pedro respondeu: "Tu és o Cristo, o Filho do Deus vivo" (v. 16).

O nome Pedro vem da palavra grega "petros", que significa "pedra pequena". Quando Pedro pronunciou esse testemunho ardente de fé, o Senhor Jesus respondeu, usando o nome de

A PROMESSA DA IGREJA TRIUNFANTE 143

Pedro em um jogo de palavras. Ele literalmente disse: "Você é Pedro (*petros* — pedra pequena), mas eu edificarei a minha igreja sobre esta pedra (*petra* — pedra grande)". Em outras palavras, Pedro, a pedra pequena, havia dado expressão de algo que era realmente grande, tão gigantesco, sólido e firme que a igreja podia ser edificada sobre ela: a verdade a respeito do Senhor Jesus Cristo. O próprio Jesus é, portanto o fundamento da igreja. Mas, será que esse fato garante o triunfo final da igreja? Quem faz esta per-gunta mostra que conhece muito pouco a respeito do Senhor Jesus. Ele não era um homem comum, mas o próprio Deus em carne humana. E Deus é ilimitado em poder.

O Senhor Jesus deu evidências incontestáveis de que era o Deus onipotente em carne humana quando saiu do sepulcro. Quando ele morreu na cruz todos os inimigos do inferno dançaram e se alegraram porque pensavam que tinham finalmente prevalecido contra o plano de Deus de edificar a igreja. Mas a alegria deles durou pouco. Quando Jesus ressuscitou, ele mostrou de uma vez por todas que tem autoridade suprema sobre a morte, o inferno e o sepulcro.

É Jesus é quem disse: "Eu edificarei a minha igreja". Apesar das falsas doutrinas, da hipocrisia, de cristãos apáticos, apesar de todas as tramas do inferno, Jesus Cristo edificará a sua igreja. As outras promessas que estudamos tinham certas condições atreladas, mas esta é uma promessa incondicional. Jesus Cristo edificará sua igreja, aconteça o que acontecer.

A RESPOSTA APROPRIADA

Qual deve ser a nossa resposta em relação a tudo isto? Primeiro, se a igreja em última análise triunfará sobre tudo, a atitude mais premente a fazer é certificar-nos de que fazemos parte dela. Existem boas novas para todos que ainda não fazem parte da igreja: corra ao encontro de Jesus Cristo, arrependa-se dos seus pecados, confie nele como o seu Senhor e Salvador, comprometa-se a viver para ele e você será incluído na igreja dele.

Segundo, se já fazemos parte da igreja gloriosa, devemos amá-la e viver por ela. Entenda isto: se você não está fazendo o seu melhor pela igreja de Jesus Cristo, você está sendo usado por Satanás para destruí-la. Não existe meio-termo aqui. Que Deus nos ajude a ver a seriedade disso e dizer com Timothy Dwight:

Eu amo a tua igreja, ó Deus;
Seus muros estão diante de ti,
Preciosa como as meninas dos teus olhos,
E gravada na tua mão.
Por ela minhas lágrimas cairão;
Por ela minhas orações subirão;
Por ela oferecerei meus cuidados e meu labor
Até que o labor e os cuidados cheguem ao fim.

19

A PROMESSA DE PERDÃO PARA O CRISTÃO QUE PECA

1João 1.9

A palavra grega "koinonia", que normalmente é traduzida em nossas Bíblias por "comunhão". Era a expressão favorita entre os gregos para o relacionamento marital. Em outras palavras, o termo era mais freqüentemente usada para designar a união mais íntima entre seres humanos. Na primeira epístola, João usa essa palavra para denotar proximidade e intimidade e a aplica ao relacionamento do cristão com Deus (1Jo 1.3). O cristão é alguém que está em comunhão com Deus. Ele conhece a Deus intimamente.

Como filho de Deus, você já parou para refletir acerca desta verdade? Já ponderou sobre o privilégio e a maravilha que é conhecer a Deus pessoal e intimamente?

Vivemos numa época que as pessoas se impressionam com o trivial e o insignificante. Proezas esportivas, por exemplo, são constantemente anunciadas como "impressionantes". Mas essas coisas são insignificantes comparadas ao que estamos tratando aqui. O cristão é alguém que está em comunhão com Deus! Cristão, pare e medite, até que seu coração se encha de júbilo. O Deus eterno que fez todas as coisas, o Deus que sabe todas as coisas, o Deus que tem poder sobre todas as coisas — este é o Deus com quem você tem comunhão! Não existe privilégio maior. Os mais ricos não são ricos, os mais sábios não são sábios e os mais bem-sucedidos não são bem-sucedidos se não tem esse previlégio.

O EFEITO OBSTRUIDOR DO PECADO

A promessa que João faz no vercículo citado se dirige aos que foram abençoados com este privilégio indescritível. Trata da única coisa que pode impedir e obstruir o privilégio da comunhão com Deus — o pecado.

É muito importante entendermos que o pecado jamais destruirá o relacionamento do cristão com Deus. Nada pode destruir esse relacionamento. Como já vimos, quem verdadeiramente a Deus está eternamente seguro.

Entretanto, temos de ter cuidado para não distorcer o ensino a respeito da segurança do cristão. Alguns entendem que uma pessoa pode conhecer a Cristo e mesmo assim viver da maneira que bem entender. O apóstolo João mostra a insensatez desse pensamento logo no primeiro capítulo de sua carta. Diz: "Se afirmarmos que temos comunhão com ele, mas andamos nas trevas, mentimos a não praticamos a verdade" (v. 6).

Você já tentou colocar um pé no barco e manter o outro na terra enquanto se afasta da margem do rio? É impossível. É igualmente impossível alguém conhecer a Cristo e viver continuamente no pecado. João diz que quem pensa poder fazer as duas coisas ao mesmo tempo de maneira alguma é filho de Deus.

David Jackman destaca esse ponto de maneira convincente: "Uma pessoa que persiste no pecado, não pode estar em contato com Deus. Os dois estados são mutuamente exclusivos. É possível que essa pessoa esteja morando numa mina de carvão e alegar que está ficando bronzeado do sol!".[1]

É preciso dizer ainda que é possível que o cristão cometa pecados. Ele não pode continuamente viver em pecado, mas pode a qualquer momento cair em pecado. João também deixa isso claro ao escrever: "Se afirmamos que estamos sem pecado, enganamos a nós mesmos, e a verdade não está em nós" (v. 8).

---

[1]*The Bible speaks today*: The message of John´s letters, IVP, p. 30.

A PROMESSA DE PERDÃO PARA O CRISTÃO QUE PECA 147

Embora o cristão tenha sido perdoado dos seus pecados e participe do estado glorioso de comunhão com Deus, o pecado continua residindo em sua natureza (v. 10) e acaba se manifestando na sua conduta de tempos em tempos. Há prova disso na vida dos grandes heróis da fé. Observe Noé, Abraão, Isaque, Moisés, Davi e Simão Pedro. Todos foram notáveis homens de Deus, e mesmo assim a Bíblia relata pecados na vida deles. Se eles não foram capazes de viver sem pecar, podemos ter certeza de que nós também não vamos alcançar a perfeição. Assim, o cristão não vive continuamente em pecado, apesar de pecar de vez em quando. Quando o cristão cai em pecado, sempre ocorre prejuízo no seu relacionamento com Deus. O pecado obstrui a sua comunhão com Deus, entristece o Senhor e faz com que ele se retraia do crente. O pecado ergue uma barreira entre o crente e Deus. Muitas vezes o pecado faz que o crente perca a certeza da salvação e o coloca sob a mão disciplinadora de Deus.

Quando um cônjuge faz algo que ofende o outro, a intimidade é afetada. Assim ocorre com o cristão quando peca. Um ato de pecado não significa que o cristão perdeu seu relacionamento com Deus da mesma forma que uma discussão entre marido e mulher não acaba com o casamento. Mas o pecado prejudica. Ele bloqueia o canal de comunhão entre o crente e Deus.

Esse canal está bloqueado entre você e Deus neste exato momento? Será que vemos pouco poder e bênção de Deus na igreja atual porque muitos de nós estão com o canal cheio de entulho?

O PODER RESTAURADOR DA CONFISSÃO

Todo ato de pecado para o cristão é como uma pedra no seu sapato. Ele não terá conforto enquanto a pedra for mantida ali. Então de que maneira ele se desfaz da pedra? Essa promessa também trata do aspecto de tirar o pecado e restaurar a comunhão entre o crente e Deus, que é a confissão.

A palavra confissão não soa bem para muitos cristãos professos. Alguns acham que basta encolher os ombros e dizer: "Bem, ninguém é perfeito". Outros acham que precisam ir ao altar e orar de forma genérica: "Senhor, perdoa todos os meus pecados", e depois podem voltar a cometer o mesmo pecado. Precisamos estar conscientes de que a confissão é muito mais séria que isso. Confessar significa literalmente concordar com Deus a respeito do nosso pecado. Parece simples demais, não é verdade? Mas não é tão simples assim. O que significa concordar com Deus?

Significa que vemos o pecado com os olhos de Deus; entendemos quão abominável e desprezível o pecado é.

Significa que chamamos o pecado pelo nome certo (por exemplo: adultério, em vez de "ter um caso").

Significa que sentimos profunda tristeza por termos sido tão ingratos com Deus que nos amou e salvou ao quebrar seus mandamentos.

Significa que decidimos solenemente fazer tudo que for necessário para não voltar a repetir o pecado.

Significa que demonstramos por palavras e pela vida que deixamos esse pecado para trás.

Significa que vamos fazer reparação a qualquer pessoa que for prejudicada por nosso pecado.

O que ocorre quando concordamos com Deus a respeito do nosso pecado? Ele nos perdoa! Ele limpa a nossa ficha! Podemos até não sentir que ele nos perdoou, mas o perdão não é questão de sentimento. Temos a promessa de que ele nos perdoará se confessarmos sinceramente.

Como sabemos que ele o fará? João responde, dizendo que Deus é "fiel e justo". Sua fidelidade significa que ele é confiável. Se ele diz que vai fazer alguma coisa, podemos confiar que ele cumprirá o que prometeu.

Sua justiça significa, se podemos dizer assim, que ele tem de perdoar nossos pecados. Por quê? Porque na cruz Jesus pagou totalmente o débito dos nossos pecados — não somente os pecados que cometemos antes da nossa salvação, mas também os pecados que cometemos como cristãos. Se Deus já castigou esses pecados em Cristo, e se eu, como cristão, chego a ele com o pedido de perdão, a justiça de Deus requer que ele me perdoe. Deus não pode castigar-me por algo que Cristo já foi castigado e permanecer justo. Logo, quando me dirijo a ele em verdadeira confissão, ele me perdoa. É por isso que João diz que o sangue de Jesus nos purifica de todo pecado (v. 7).

Quando Satanás me tenta a ponto de desesperar,
E me fala da minha culpa interior,
Olho para cima, e o vejo ali,
Aquele que colocou termo a todos os meus pecados.
Desde que meu Salvador sem pecado morreu,
Minha alma pecaminosa fica liberta;
Porque Deus, o justo, fica satisfeito
Em olhar para ele e me perdoar.

A NECESSIDADE URGENTE DE AUTO-EXAME

Isto nos leva a considerar o aspecto final da promessa. Ela sugere que precisamos fazer um auto-exame com urgência.

Precisamos procurar os *pecados por comissão*. Somos culpados de pecados por comissão quando desobedecemos a ordem que o Senhor deu. A mentira, fofoca, roubo, adultério etc., são pecados que o Senhor nos proibiu rigorosamente.

Em seguida, temos de observar os *pecados por omissão*. Somos culpados desses pecados quando deixamos de fazer o que o Senhor nos mandou. Pecamos quando falhamos em participar dos cultos e adorar a Deus de coração. Se não estamos dispostos a perdoar alguém, estamos omitindo alguma coisa que Deus nos ordenou. Não existe carência de pecados por omissão na vida de quase todos nós.

E há os *pecados por disposição.* Às vezes pensamos que enquanto não cometermos o ato pecaminoso está tudo bem; entretanto, permitimos que pensamentos pecaminosos penetrem em nossa mente e moldem nossas atitudes. Amargura, raiva, inveja e ódio são pecados reais de disposição. Como acontece com a maioria dos pecados de disposição, sentimos uma certa satisfação porque pensamos estar ferindo alguém. Mas, na verdade, estamos apenas ferindo a nós mesmos.

Filho de Deus, você foi abençoado com o maior privilégio que o ser humano pode ter: comunhão com Deus. Somente o pecado pode impedi-lo de desfrutar essa comunhão. Examine-se a si mesmo. Não permita que o pecado roube as bênçãos de Deus e a alegria da sua salvação. Se você está fazendo algo errado, confesse-o e deixe de fazê-lo. Se você está fracassando em fazer algo certo, confesse o seu erro e comece a fazer de novo. Se você está nutrindo alguma amargura, confesse-a e ela se tornará doce.

Quando os cristãos pecam, causam um grande prejuízo. Eles não apenas barram sua comunhão com Deus, mas também impedem que haja paz interior. Faz que os incrédulos pensem que o cristianismo não vale a pena e se sintam seguros na incredulidade. Existem tantas coisas em jogo aqui — que não podemos deixar passar mais nenhum minuto sem examinar nosso coração e confessar nossos pecados.

20

A PROMESSA DE CURA PARA A TERRA

2Crônicas 7.12-14

As palavras deste texto são a resposta de Deus à oração de Salomão. Na dedicação do novo templo de Israel ao Senhor, Salomão tinha buscado sinceramente o Senhor para que ele olhasse com benevolência para o templo e para o povo daquela nação.

Ele sabia, naturalmente, que o deslumbrante templo não era suficiente para garantir o favor de Deus. O povo precisava caminhar com Deus e obedecer aos seus mandamentos. Salomão também conhecia as inclinações pecaminosas do povo. Se o povo pecasse contra Deus, quando o Senhor voltaria a dar-lhes ouvidos outra vez? Esta era a pergunta que estava em sua mente enquanto orava. Na última parte da sua oração encontramos repetidas vezes as palavras "se" e "então" (2Cr 6.22-39). Eis o que ele pedia: "se" o povo pecasse, caísse debaixo do julgamento de Deus e se voltasse ao Senhor, o Senhor "então" ouviria, perdoaria e os restauraria?

A passagem revela que o Senhor respondeu à oração de Salomão naquela noite também com um "se" e um "então". Ele garantiu a Salomão que se o povo se afastasse dos seus pecados deles, ele os ouviria, perdoaria e curaria a sua terra.

UMA NECESSIDADE DEFINIDA

É a última parte dessa promessa — a cura da terra — com a qual tantos cristãos conseguem se identificar nesses dias. Há

152 O Deus de palavra

em muitas nações hoje que necessitam desesperadamente de cura. Posso testificar essa necessidade de meu país, os Estados Unidos. Estudos recentes comprovam um declínio moral e espiritual impressionante. Os crimes aumentam assustadoramente. As famílias estão se desintegrando. O uso de drogas e a taxa de suicídios entre os adolescentes continua crescendo regularmente. A imoralidade sexual é devastadora. O abuso de crianças não pára de crescer. A condição da nação tornou-se questão de profunda preocupação, como um colunista de jornal pronunciou sombriamente: "Nosso pulso está fraco, respiramos com dificuldades, a temperatura está mortalmente elevada, e [...] a pressão sangüínea baixa". E acrescenta: "Para esse paciente doente, o dia está quase acabando".[1]

Um dos poucos motivos encorajadores nos Estados Unidos é que é praticamente impossível encontrar alguém que esteja disposto a discordar de que o paciente está, de fato, terrivelmente doente. Não há consenso a respeito do que pode ser feito para restaurar-lhe a saúde, mas quase todos concordam que a nação precisa de um tratamento médico heróico. infelizmente, o que acontece nos Estados Unidos também acontece em outros países.

UM VÍNCULO DEFINIDO

É a questão da restauração das nações para que voltem a ter saúde que me leva a dizer que há um vínculo definido entre a saúde espiritual do povo de Deus e a saúde das nações em que vivem.

Precisamos ser bastante cuidadosos. Alguns procuram aplicar às nações de hoje o que a Bíblia dizia da nação de Israel no Antigo Testamento. Mas isto é um erro. Nenhuma nação

---

[1] Matt friedemann, Statistical vitaligns show America today definetely a sick patient, *AFA Journal*, 1993, p. 12.

A PROMESSA DE CURA PARA A TERRA 153

hoje ocupa a mesma posição que Israel ocupava. A nação de Israel tinha um relacionamento de aliança especial com Deus e não existe um correlativo nacional desse relacionamento hoje. O correspondente atual à nação de Israel do Antigo Testamento é a igreja de Cristo, como o apóstolo Paulo deixa claro em Romanos 2.28,29 e Gálatas 3.29. A promessa de cura para a terra, portanto, provavelmente se aplique de forma mais apropriada, à cura de igrejas doentes. Mas tendo dito isso, devo dizer que a saúde dos cristãos e a saúde das suas nações continuam firmemente entrelaçadas. Jesus diz que seus seguidores são o sal da terra (Mt 5.13). O sal é um conservante. Passa-se sal na carne para conservá-la. De forma semelhante, os cristãos devem exercer influência benéfica na sociedade. A presença deles deve retardar a declinação moral da sociedade. R. V. G. Tasker diz que os discípulos de Jesus devem "... ser um desinfetante moral num mundo onde os padrões morais são baixos, mudam constantemente ou não existem".[2]

Mas se o sal perde a salinidade — possibilidade muito real de acordo com Jesus (Mt 5.13) — não existe coisa alguma que pode retardar a decadência moral da sociedade. De que maneira o sal perde a salinidade? John Stott escreve: "Agora, falando rigorosamente, o sal nunca perde a salinidade [...] o cloreto de sódio é um composto químico muito estável, resiste a praticamente qualquer ataque. Entretanto, pode contaminar-se com a mistura de impurezas, e torna-se inútil, até perigoso". Stott, então, faz essa aplicação: " Se os cristãos são absorvidos pelos não-cristãos e contaminados pelo mundo, eles perdem a sua influência".[3]

Será que temos aqui a explicação para a degradação moral que vemos em tantos países? Creio que sim. Os cristãos foram

---

[2]*The gospel according to Mathew* (Tyndale New Testament Commentaries), Eerdamans Publishing Company, p. 63.
[3]*The Bible speaks today*: The message of the sermon on the mount, IVP, p. 60.

contaminados pela sociedade, e, portanto, perderam a capacidade de retardar a decadência e influenciá-las para Deus. A maior tragédia não é que haja tanta iniqüidade varrendo as nações hoje. A tragédia maior é que essas nações estejam assim apesar dos muitos cidadãos que se dizem cristãos. Como tantos podem professar ser cristãos e não ter uma influência mais positiva? A resposta é que muitos que professam Cristo realmente não o conhecem, e muitos que o conhecem tornaram-se sal contaminado.

O CHAMADO PARA A RENOVAÇÃO

Se o que foi dito é verdade, somos forçados a dizer que a necessidade mais urgente dos nossos dias é que o povo de Deus trate de sua condição espiritual.

Como cristãos temos a necessidade urgente de reconhecer nossa situação! Lamentamos as condições dos nossos dias e apontamos o dedo de condenação para as pessoas perversas e seus caminhos perversos. Mas se a seqüência acima é verdadeira, precisamos reconhecer que o dedo de Deus está apontado diretamente para o seu povo. Se nossas nações estão desesperadamente doentes é porque nós não temos sido "sal que salga".

Também precisamos identificar urgentemente o que devemos fazer para recuperar nossa salinidade. Estamos enganados se achamos que alguma nação poder ser curada por meio de ações políticas. Os cristãos são chamados, é claro, a exercer os mesmos direitos de cidadão como qualquer outro, mas, em última análise, a única maneira de sarar nossas terras doentes é reaver nossa salinidade. Como conseguir isso? A Palavra de Deus apresenta uma resposta clara, sem adornos. Precisamos nos humilhar, orar, buscar a face de Deus e afastar-nos dos nossos maus caminhos.

Devemos *humilhar-nos* porque tantas vezes temos sido orgulhosos e achamos que não falta nada em nossa caminhada com o Senhor. Como a igreja de Laodicéia, muitas vezes dizemos: "Estou rico, adquiri riquezas e não preciso de nada" (Ap 3.17). Devemos *orar* porque a oração é o meio de falar com Deus. E nós devemos falar com ele! É a ele que ofendemos. Ele nos chamou para ser seu "povo que salga", mas ele tem sido ofendido com nossa falta de salinidade, frieza, negligência e indiferença. Não seremos capazes de recuperar nossa salinidade sem falar com o Deus a quem temos ofendido.

Precisamos *buscar a face de Deus*. Significa que devemos estar cientes que precisamos dele. Não somos nada sem Deus! Precisamos de sua bênção sobre nossa vida, família, igreja e nação, ou vamos causar confusão em cada uma delas.

Precisamos *nos afastar dos maus caminhos*. Fomos contaminados pelo pensar e agir do mundo? Se sim, precisamos nos livrar deles. É aqui que temos falhado. Estamos dispostos a admitir que falhamos em ser o "povo de Deus que salga" e também estamos dispostos a pedir perdão a Deus por nossa falha, mas não temos nenhuma intenção de abandonar nossos pecados. Queremos que Deus nos perdoe, mas ao mesmo tempo queremos continuar usando nossa linguagem suja, assistindo nossos programas de TV imundos, ignorando o Dia do Senhor, alimentando ressentimentos por nossos irmãos em Cristo, e assim por diante. Que Deus nos mostre o preço que estamos pagando pela recusa em afastar-nos dos nossos pecados! Não haverá recuperação da "salinidade" sem abandono de nossos pecados, e não haverá cura para nossa nação sem a recuperação de nossa salinidade.

Esses quatro passos para a salinidade são passos que devemos dar individualmente. Uma igreja não pode se arrepender. Uma nação não pode se arrepender. Mas indivíduos podem. O que é uma igreja a não ser um ajuntamento de pessoas? O que é uma nação a não ser uma soma dos seus cidadãos? Tantas vezes somos culpados de olhar para a doença da nossa terra e dizer: "Sim, é terrível, mas o que uma pessoa sozinha pode fazer?" A resposta é que o cristão deve procurar de todas as formas ser o sal que salga.

156 O DEUS DE PALAVRA

Temos precedentes históricos impressionantes que podem nos encher de alegria na questão de retornar à salinidade. Quando o povo de Deus segue esses quatro passos, Deus tem, de fato, curado nações inteiras.

O maior exemplo é a Inglaterra durante os ministérios de George Whitefield e John e Charles Wesley. J. R. Green, em *A short history of the english people* [*Breve história do povo inglês*], diz o seguinte a respeito daqueles dias: Irrompeu "um avivamento religioso [...] que modificou em poucos anos todo o temperamento da sociedade inglesa. A igreja foi restaurada para a vida e a ação. A religião levou ao coração das pessoas um espírito novo de zelo moral, ao mesmo tempo que purificou nossa literatura, introduziu clemência e sabedoria às nossas leis penais, aboliu a escravidão e deu o primeiro impulso para a educação do povo".[4]

Tudo isso aconteceu por que o povo de Deus recuperou sua salinidade? E isto pode acontecer outra vez em nossos próprios dias. Graças a Deus, as nações podem ser curadas, mas a cura só virá se o povo de Deus se tornar profundamente preocupado com sua condição espiritual e motivar-se a agir com seriedade.

A promessa que Deus fez a Salomão a respeito da cura da terra inevitavelmente nos faz pensar no Senhor Jesus Cristo. Deus prometeu construir uma casa permanente para o pai de Salomão, Davi (2Sm 7.16). A promessa se cumpriu em Cristo. Somente ele podia assegurar o trono eterno que Deus prometera a Davi. Os descendentes de Davi, incluindo Salomão, mostraram-se infiéis a Deus. Sua infidelidade foi tão acentuada que Deus finalmente os castigou, enviando-os para o cativeiro na Babilônia. Parecia que a promessa de Deus de um trono permanente para Davi fracassaria. Mas, graças a Deus, não fracassou. Davi teve um Filho maior, o Senhor Jesus Cristo, e

[4]Cornertone books, vol. I, p. 32.

ele agora reina sobre o novo Israel, composto por quem ele redimiu do pecado, e esse Reino nunca terá fim.

Um dos aspectos da promessa de Deus a Salomão, portanto, era que ele não seria infiel apesar da infidelidade do povo. S. G. DeGraaf diz o seguinte acerca da infidelidade de Salomão e seu povo: "Em contraste com a infidelidade deles, a fidelidade da graça do Senhor na lei soberana eterna de Cristo brilha ainda mais".[5]

[5]*Promise and deliverance*, Presbyteriam & Reformed Publishing Company, vol. II, p. 210.

21

A PROMESSA PARA QUEM
SEMEIA COM LÁGRIMAS

Salmo 126

E sse salmo faz parte dos quinze salmos chamados "Cânticos de Peregrinação" (Sl 120—134). Eles eram cantados pelos peregrinos que se aproximavam de Jerusalém para os vários festivais religiosos. Esse nome provavelmente originou-se de duas fontes. Primeira, os peregrinos precisavam "subir" para ir à Jerusalém porque a cidade estava situada numa região montanhosa (Sl 125.1,2). Segunda, os peregrinos sem dúvida sentiam seu espírito "elevar-se" quando se aproximavam da cidade, e portanto, era apropriado expressar a alegria por meio do cântico. Este salmo pode ser dividido em três partes. Nos versículos de 1 a 3 o salmista fala aos seus conterrâneos. No versículo 4 o salmista fala a Deus. E nos versículos 5 e 6 o Senhor responde ao salmista.

RECORDANDO UM TEMPO MEMORÁVEL

O salmista fala aos seus conterrâneos a respeito de um episódio notável da história deles. Ele caracteriza como o tempo "quando o SENHOR trouxe os cativos de volta a Sião" (v. 1).

A maioria dos salmos foi escrita durante o reinado de Davi, mas as palavras de abertura parecem aludir a algo que ocorreu muitos séculos depois da época de Davi, a saber, a libertação dos judeus do cativeiro na Babilônia. O fato da maioria dos salmos terem sido escritos durante o tempo de Davi não impede que alguns cânticos escritos posteriormente fossem acrescidos à coleção, e, é provável ter sido este o caso.

Os judeus passaram por um grande avivamento espiritual enquanto estavam na Babilônia. Perceberam que o cativeiro era resultado de seus pecados, e sem dúvida se arrependeram de todo o coração nesse período de exílio.

Depois vieram as boas novas de que eles teriam permissão para voltar à sua terra natal. O salmista descreve a torrente de alegria que irrompeu sobre o povo quando receberam a notícia. "Foi como um sonho" (v. 1) para ele e seus companheiros cativos. Em outras palavras, as notícias eram boas demais para ser verdade.

Ele continua descrevendo o povo rindo e cantando (v. 2). A alegria deles era tão grande que outras nações a perceberam e concluíram: "O Senhor fez coisas grandiosas por este povo" (v. 2).

Não havia dúvida na mente do salmista que era, na verdade, a obra do Senhor. Ele inicia o salmo dando crédito ao Senhor (v. 1) , e conclui a seção concordando com o que as outras nações diziam. Ele diz: "Sim, coisas grandiosas fez o Senhor por nós". E então acrescenta as palavras: "por isso es-tamos alegres" (v. 3).

A descrição do salmista da libertação do cativeiro é uma descrição maravilhosa e viva de cada episódio em que Deus interveio na vida do povo para proporcionar-lhes avivamento e renovação espiritual.

O avivamento sempre excede nossas expectativas. Ele sempre abre as comportas da alegria e sempre deixa uma profunda impressão nos que têm contato com o povo de Deus.

Olhando para a deterioração atual

Entretanto, depois da nota alegre, o salmista passa para uma nota sombria. Ao reviver a glória da libertação do cativeiro repentinamente se apercebe que houve certo deslize. O povo não estava tão próximo de Deus como estava quando foram libertos do cativeiro. Não, o povo não voltou a adorar ídolos (o cativeiro acabou de vez com essa prática), mas eles tinham se acomodado em relação às coisas do Senhor.

Para ter uma visão verdadeira do que aconteceu com o povo depois que retornaram para a terra natal, basta ler as profecias de Malaquias e Ageu. Malaquias, por exemplo, fala de um povo que continua com suas atividades religiosas mas sem qualquer senso de entusiasmo (Ml 1.13). E Ageu fala de um povo que estava tão ocupado com os próprios interesses que não se interessava pela casa do Senhor (Ag 1.4).

Não sabemos de que maneira o escritor do salmo 126 organiza a seqüência de acontecimentos que seguiram a libertação do cativeiro, mas ele evidentemente vira o suficiente para saber que a euforia da libertação havia esmorecido e começara a deterioração espiritual.

CLAMANDO PELO RETORNO À VITALIDADE

Por isso, nós o encontramos orando no versículo 4: "SENHOR, restaura-nos assim como enches o leito dos ribeiros no deserto". O salmista estava pedindo para Deus fazer por si e pelo povo algo semelhante ao que ele fizera quando os libertou do cativeiro. Ele estava dizendo: "Faça-nos voltar, ó Senhor, àquele tempo".

A condição espiritual do povo daquele tempo o fez lembrar da região sul do país. A estiagem sempre secava os ribeiros daquela área, mas então chegava a época das chuvas e os leitos dos ribeiros eram preenchidos com torrentes de água. Com esse quadro em mente, o salmista estava, portanto, pedindo para Deus fazer no campo espiritual o que ele fazia na região sul. Ele estava pedindo pelo derramar abundante do poder e graça de Deus, que tiraria a sequidão em que estavam vivendo e os faria regozijar-se novamente.

Com tudo isso esclarecido, estamos em condições de finalmente contemplar a promessa nos versículos 5 e 6. Neles,

162 O Deus de palavra

o Senhor responde o pedido feito pelo salmista. O Senhor essencialmente pergunta: "Você deseja ter o que você tinha quando foi liberto do cativeiro? Você deseja uma inundação espiritual para aliviar sua sequidão e aridez? Então, veja o que você deve fazer — você deve semear em lágrimas. Se você semear em lágrimas, eu prometo que colherá com alegria". O que o Senhor estava dizendo ao salmista? Ele o estava convidando e o povo para arrepender-se verdadeiramente dos seus pecados, e então viria a inundação de bênçãos.

Temos observado que o povo de Deus arrependeu-se durante os anos do cativeiro da Babilônia, e que esse arrependimento estava inextricavelmente ligado à libertação e à alegria que jorrou disso, como o semear do agricultor está ligado à sua colheita.

Portanto, se eles desejavam colher a mesma alegria e vibração, precisavam semear as mesmas sementes. E se eles não estavam dispostos a semear as mesmas sementes, não poderiam esperar outra coisa senão a contínua sequidão e apatia espiritual.

APLICANDO A VERDADE À NOSSA VIDA

É necessário que essas palavras deixem certas verdades muito claras e óbvias para nós. Primeiro, se quisermos a explicação para o declínio espiritual, não precisamos olhar além dos pecados que permitimos que invadam nossa vida.

Outra verdade que ressalta desses versículos é que o pecado é algo muito sério e deve ser tratado como tal. Se quisermos ter uma colheita de renovação e vitalidade espiritual, devemos semear "em lágrimas".

Um estudo fortuito dos grandes avivamentos do passado rapidamente revelará certas características importantes. Em épocas de avivamento o povo de Deus se tornava profundamente consciente da santidade de Deus e da extrema preciosidade do evangelho. Essas verdades invariavelmente faziam cada pecado parecer um graveto afiado nos olhos, e o povo de

Deus não sentia paz até que se engajasse numa obra de arrependimento radical e profundo.

O que é uma obra radical de arrependimento? É uma obra que não procura encontrar desculpas para os pecados, chama-os pelo nome certo e se desvia deles com verdadeira tristeza. Em épocas de arrependimento, o cristão fica abismado por ter permitido entrar coisas em sua vida que entristecem o Deus a quem devemos tanto.

Esse tipo de arrependimento sempre é dolorido, mas, graças a Deus, quando termina essa obra, a alegria vem exatamente como diz a promessa: "Aqueles que semeiam com lágrimas, com cantos de alegria colherão". Quem estudou os avivamentos, invariavelmente faz menção da alegria que transborda do coração do povo de Deus em decorrência do arrependimento. Não existe nada parecido com ela. É a alegria de caminhar em comunhão íntima com Deus, sentindo sua presença, experimentando sua aprovação. O avivamento pode ser comparado ao Pai celestial colocando seu filho nos braços para abraçá-lo e transmitir-lhe o profundo amor que lhe tem. Ah, esta alegria é indescritível!

O versículo 6 nos mostra outra dimensão da restauração espiritual. O filho de Deus que semeia com lágrimas as sementes de arrependimento por causa do pecado em sua vida receberá muitas sementes para semear. E essa promessa diz que a semeadura produzirá colheita abundante. O resultado dessa semeadura serão muitos feixes de grãos. O que devemos entender disso tudo? Simplesmente isso — quando o filho de Deus experimenta a renovação espiritual o Senhor vai usá-lo para semear a semente do evangelho em outras pessoas.

Que incentivo maior poderíamos ter para buscar a renovação pessoal? Nosso quebrantamento nos traz não somente a alegria do avivamento, mas também a alegria de ver outros virem ao conhecimento da salvação de nosso Senhor e Salvador. A história dos avivamentos confirma isso. A época mais frutífera de evangelismo na igreja ocorre quando o povo de Deus se arrepende profundamente dos próprios pecados.

164 O Deus de palavra

As palavras deste salmo foram escritas por um homem que tinha lembrança vívida das bênçãos do passado e essa lembrança o motivou a lamentar a condição espiritual do povo. As memórias aguçadas de bênçãos sempre têm esse efeito. E nenhum cristão pode ter uma lembrança vívida das bênçãos sem primeiro lembrar que Cristo comprou sua salvação na cruz do Calvário. Quanto mais nos banharmos nessa morte expiatória a nosso favor, tanto mais seremos impelidos a lamentar nossa condição espiritual. A luz do Calvário sempre expõe a frieza do coração, a indiferença em relação ao pecado e a negligência quanto aos nossos deveres cristãos. Olhar atentamente para a cruz finalmente nos forçará a dizer com admiração e reverência:

Ele morreu por mim, quem causou a sua dor?
Por mim, quem o perseguiu até a morte?
Amor maravilhoso! Como pode ser,
Que tu, ó Senhor, morreste em meu lugar?

A lembrança vívida da cruz do Calvário sempre é o primeiro passo para semearmos em lágrimas e colhermos com alegria.

22
A PROMESSA DE
FORÇAS RENOVADORAS

Isaías 40.27-31

O povo a quem essa promessa se dirigia estava prestes a entrar em um período muito difícil de suas vidas. Eles tinham vivido por um período longo de flagrante rebelião contra Deus. O Senhor enviara pacientemente um profeta após o outro para atraí-los de volta para si, mas eles se recusaram a dar atenção a esse apelo.

A "paciência de Deus chegou ao fim", e ele estava prestes a enviá-los ao cativeiro na distante Babilônia. Ali o povo de Judá sentiu sua força sendo exaurida. Um dos salmos expressa a devastação que o povo experimentou no cativeiro:

> Junto aos rios da Babilônia nós nos sentamos e choramos com saudades de Sião. Ali, nos salgueiros penduramos as nossas harpas; ali os nossos captores pediam-nos canções, os nossos opressores exigiam canções alegres, dizendo: "Cantem para nós uma canção de Sião!".
>
> (Sl 137.1-3).

O profeta Isaías ministrou antes da ocorrência do triste cativeiro, mas ele podia vê-lo chegando e sabia exatamente o que seu povo estaria falando, quando estivesse lá: "O Senhor não se interessa pela minha situação; o meu Deus não considera a minha causa"? (v. 27). O povo de Judá sentia que Deus os abandonara completamente, que não havia sentido para continuar a vida — na verdade eles se sentiam incapacitados para prosseguir!

166 O DEUS DE PALAVRA

Isaías deixa claro que esse seria o sentimento de todos os cativos. Nós normalmente pensamos que os jovens têm a capacidade de adaptar-se rapidamente a grandes mudanças e que se recuperam prontamente das privações da vida, mas quando Isaías olha para o cativeiro futuro, vê os jovens desfalecendo e ouve o suspiro dos homens mais novos sob a exaustiva carga opressora (v. 30).

Mesmo quando Deus julga o seu povo, ele não esquece de ser gracioso. Assim, antes de serem levados para o cativeiro, ele lhes deu algumas promessas para fortalecê-los. Matthew Henry explica-as assim: "Antes de Deus enviar seu povo ao cativeiro ele o equipou com promessas preciosas para seu amparo e conforto em seu sofrimento. Podemos imaginar o importante uso da gloriosa e graciosa luz que essa profecia deve ter sido, naquele dia nebuloso e escuro, e quanto ela serviu para enxugar suas lágrimas junto aos rios da Babilônia".[1]

Uma dessas profecias se encontra em nosso texto: "Mas aqueles que esperam no SENHOR renovam suas forças..." (v. 31). O que significa esperar no Senhor? Significa não desistir em relação a Deus, e sim, continuar crendo que ele fará o que prometeu, embora nossas circunstâncias pareçam ditar outra coisa. Significa viver tendo por base a Palavra de Deus mesmo quando tudo parece contradizê-la.

Antes de Deus enviar seu povo para o cativeiro, ele lhes deu a promessa de que os traria de volta para a terra natal, no devido tempo. Ele disse:

> O Soberano, o SENHOR, vem com poder! Com seu braço forte ele governa. A sua recompensa com ele está, e seu galardão o acompanha. Como pastor ele cuida de seu rebanho, com o braço ajunta os cordeiros e os carrega no colo; conduz com cuidado as ovelhas que amamentam suas crias.
>
> (v. 10,11)

---

[1] *Matthew Henry's commentary on the whole Bible*, Fleming H. Revell, vol. IV, p. 211.

A PROMESSA DE FORÇAS RENOVADORAS **167**

Lá estão eles na terra da Babilônia, e sua situação é tão difícil e penosa que eles começam a pensar que Deus os abandonou (v. 27). Suas forças estão exauridas. As esperanças se foram. Tudo parece perdido.

Mas, nem tudo está perdido. As palavras de Isaías vêm a eles para dizer: "O modo de vocês encararem a Babilônia é olhar além dela, para o tempo em que nossa nação será restaurada e voltará para sua terra". Encarar o presente miserável olhando para o futuro glorioso! Isso faz algum sentido? Sim! Nós sabemos por experiência própria que podemos suportar quase tudo se soubermos que a situação é temporária!

Parece fácil esperar no Senhor. Mas não é. Alguém por aqui está dizendo: "Você nos diz para esperar no Senhor, mas como podemos saber se ele está se importando conosco?" Isaías diz que, embora Deus os tenha castigado, ele continua cuidando deles como o pastor cuida do seu rebanho (v. 11).

Mas alguém lá do cativeiro clama: "Talvez Deus até queira cumprir sua promessa de restaurar a nossa terra, mas ele não será capaz de fazê-lo". Isaías responde: "Deixe-me contar-lhes a respeito do poder ilimitado do nosso Deus". Então ele mergulha na descrição detalhada do poder e majestade de Deus. Deus é quem mede as grandes águas ao segurá-las em sua mão e pesa os enormes montes numa balança (v. 12). Todas as nações da terra não são nada mais que gotas em um balde ou partículas de pó diante dos seus olhos (v. 15). Mesmo toda a terra é como um pequeno círculo para ele e todos os seus habitantes pequenos como gafanhotos (v. 22).

Ficamos impressionados com a vastidão dos céus. Pense nisto: Deus é quem criou todas estas coisas. Ele colocou todos os corpos celestes em seus lugares; ele conhece todos os seus nomes e cuida para que cada um deles cumpra a função para a qual foi criado (v. 26).

Isaías, de certo modo, toma as maiores coisas de que se lembra e as defronta com Deus. Mas os oceanos, os montes, as nações, a própria terra e todos os seus moradores e mesmo o vasto espaço, são como nada quando comparados com a grandeza de Deus. Que Deus nos dê apenas um vislumbre de seu ser que sobrepuja e transcende as maiores coisas que conhecemos!

Deveria ficar evidente de tudo isso, que a espera à qual Isaías se referia não era mera resignação passiva em relação às circunstâncias. O "esperar" exigia um grande esforço para trazer à memória quem Deus era. E isto, por sua vez, levava à expectativa ativa do que ele iria fazer.

Isaías então assegura ao povo que esperar no Senhor para o cumprimento de sua promessa teria um efeito muito salutar. Eles voariam alto como águias. Correriam e não ficariam exaustos; andariam e não se cansariam.

Voar alto como águias pode indicar que eles seriam capazes de elevar-se acima do desânimo e da depressão circunstanciais e serem capazes de ter comunhão com Deus em meio a tudo isso. Então eles seriam capazes de cumprir as exigências que eram impostas na Babilônia. Se as circunstâncias ali exigissem agir rapidamente para cumprir as responsabilidades, eles receberiam forças para fazê-lo. Se as circunstâncias se tornassem enfadonhas e monótonas e a vida se arrastasse, eles estariam aptos a passar por todas as dificuldades. A chave para a situação deles era a confiança na promessa do Senhor. Isso motivaria seu espírito a voar alto e os capacitaria a enfrentar as circunstâncias.

Tudo isso está repleto de significado e relevância para o povo de Deus hoje. Nós conhecemos algo sobre a Babilônia hoje. Apesar de a maioria dos cristãos não ter sido arrancada violentamente de suas casas e levada para uma terra distante, não precisamos arrumar as malas e mudar-nos para a Babilônia. Ela tem um jeito de vir até nós. Quando as circunstâncias difíceis e penosas nos fazem pensar que Deus está longe, e quando continuar a caminhada parece impossível significa que a Babilônia veio até nós.

O que devemos fazer a respeito de tudo isso? A palavra de Isaías atravessa os séculos e chegar até nós dizendo que a resposta é a mesma que foi dada aos cativos judeus naquele tempo longínquo: Espere! Espere no Senhor!

Nós temos uma mensagem gloriosa na Palavra de Deus. É a mensagem a respeito do Filho do Deus eterno adentrando na história como homem, vivendo em perfeita obediência à lei de Deus e se sujeitando ir à cruz romana para dar sua vida por causa de pecados. É a mensagem do Filho de Deus ressuscitando dos mortos e ascendendo à direita do Pai para interceder por nós. É a mensagem acerca da sua suficiência para nós, a cada novo dia. É a mensagem que diz que ele voltará para nos levar para onde ele está.

A mensagem de Cristo não é algo em que simplesmente cremos para a salvação, para em seguida partirmos para outras coisas. É a mensagem que nos abastece todos os dias. O apóstolo Paulo diz: "Portanto, assim como vocês receberam Cristo Jesus, o Senhor, continuem a viver nele, enraizados e edificados nele, firmados na fé, como foram ensinados, transbordando de gratidão" (Cl 2.6,7).

Esta é uma mensagem revigorante. À medida que deixamos que ela fale conosco, percebemos que nossas dúvidas, preocupações e desânimo vão se escoando e novas forças afluem. Na verdade, quando descobrimos a glória de tudo isto, percebemos que estamos voando a uma atitude muito elevada — "pairando em adoração" e lembrando que nosso Deus é tão gracioso a ponto de prover-nos uma salvação tão maravilhosa. E, enquanto pairamos em adoração, percebemos que estamos além de nossas circunstâncias e que estamos capacitados a correr para cumprir nossas responsabilidades e caminhar incansavelmente quando a vida se torna enfadonha e monótona.

Ou, se escolhermos apenas uma das metáforas de Isaías, podemos dizer que nossa habilidade de correr com persistência a corrida da vida vem de ter "os olhos fitos em Jesus, autor e consumador da nossa fé" (Hb 12.2).

Nossa escolha na Babilônia moderna é esta: podemos pendurar nossa harpa em algumas árvores e chorar, ou podemos pendurar nosso coração no madeiro do Calvário, adorar a Deus pelo que ele tem feito em Cristo e esperar confiantemente que ele cumpra tudo o que ele prometeu. A força vem quando esperamos nele.

23
A PROMESSA ÁUREA

Romanos 8.28

P oucas palavras têm provocado tantas controvérsias como as que encontramos nesse versículo. Alguns se arrepiam ao lê-las. Eles imediatamente pensam nas circunstâncias que deram errado, e não conseguem encontrar a maneira de conciliá-las com o "bem" prometido neste versículo. Outros, porém, aceitam este versículo com profundo amor e apreciação. Eles lhes oferece uma paz e conforto indescritíveis na hora da aflição. Esses crentes concordam prontamente com o puritano Thomas Brooks, que a denomina "a promessa áurea". Eles percebem que a promessa explica mais os mistérios desta vida que qualquer outra.

Ninguém discute que a vida é misteriosa. Todos os tipos de aflições e provações nos assolam aqui. Paulo diz que toda a criação geme de dor (8.22,23) como se estivesse esperando ansiosamente um futuro melhor. Nós cristãos acabamos envolvidos nos sofrimentos deste mundo, porém temos como recurso o Espírito Santo, que nos ajuda em nossa fraqueza (8.26). Mesmo com a ajuda do Espírito, os cristãos continuam sofrendo. Como podemos explicar o sofrimento que nos sobrevém? É aqui que esta promessa lança sua luz.

UMA RESTRIÇÃO

Há várias coisas que devemos observar nesta promessa. Inicialmente, fica claro que ela contém uma restrição. Essa promessa não se aplica a todas as pessoas. Paulo explicitamente a limita aos que amam a Deus e são "chamados de acordo com o seu propósito".

Nesta era sentimental, muitos afirmam prontamente que amam a Deus e, portanto, a promessa também vale para eles. Mas a mensagem da Bíblia mostra que amar a Deus não é algo que ocorre naturalmente. Nós chegamos a este mundo com uma natureza que é oposta a Deus (Rm 8.7). Como, então, alguém pode a amar Deus? A única maneira de alguém amar a Deus é por meio da operação graciosa de Deus em seu coração, removendo a hostilidade e criando uma disposição completamente nova. As pessoas que Deus "chamou" para si mesmo o amam. Quando Deus muda a disposição do coração, ele também chama o pecador para uma relação de salvação com ele; esse chamado é eficaz e poderoso.

Aqui temos a explicação do motivo de alguns de nós amarmos Deus. Ele nos amou primeiro e nos chamou para si. O apóstolo João declara: "Nós amamos porque ele nos amou primeiro" (1Jo 4.19).

Ninguém jamais amaria a Deus se ele não o tivesse amado primeiro. Aqui estamos diante do fato de que nossa salvação vem somente pela graça de Deus. Não podemos fazer nada para herdá-la ou merecê-la. Ela ocorre enquanto o Deus que nos amou antes da fundação do mundo começou a nos chamar para si mesmo no meio do tempo. O cristão, portanto, é alguém que nas palavras do apóstolo Paulo, foi "alcançado" (Fl 3.12,13). Deus entrou na vida de cada cristão e interrompeu e desorganizou a vida dessa pessoa de tal forma que ela veio a crer em Jesus Cristo.

Ninguém é salvo sem ser confrontado e convencido por Deus, ou para usar a expressão de Paulo, "chamado" por Deus. O cristão pode concordar com o poeta:

> Eu ouço a tua voz de boas-vindas
> Que me chama, Senhor, para ti,

Para me lavar com o teu precioso sangue
Que foi derramado no Calvário.

UM PROPÓSITO

Entendida a restrição, estamos prontos para examinar uma outra consideração — isto é, o propósito soberano de Deus para seu povo. Deus tinha o propósito de chamar o seu povo para si mesmo (nossa salvação não é algo casual, mas foi planejada por Deus antes da fundação do mundo), e seu propósito era chamar-nos para si mesmo para que ele pudesse alcançar outro propósito. Esse propósito é que sejamos conforme "a imagem de seu Filho" (v. 29).

Deus quer que reflitamos progressivamente a glória do Filho desde o dia em que fomos chamados por Deus até o dia em que finalmente ele nos levará para casa. Nessa época ele completará o processo para que possamos refletir perfeitamente a glória de Cristo para sempre. Somente se entendermos o propósito de Deus para nós, poderemos realmente compreender a provisão ou o coração desta promessa.

Ao continuar com o alvo de conformar-nos à imagem de Cristo, nosso Deus age em todas as coisas para o bem. O "bem" para o qual Deus age em todas as coisas é o seu propósito para conformar-nos à imagem de Cristo — isto é, para tornar-nos parecidos com Cristo.

O motivo de tantos terem dificuldades em aceitar esta promessa é que eles insistem em interpretar o "bem" como qualquer coisa que torne a vida mais agradável e confortável. Quando surge qualquer tipo de dificuldade, eles ficam admirados como isso pode ser para o seu bem.

Mas o bem que Deus tem em mente não é nosso conforto mas nossa semelhança com Cristo. E para alcançar a conformidade, ele freqüentemente precisa enviar circunstâncias que se chocam com o nosso conforto. A promessa não diz que todas as coisas que Deus permite que ocorram conosco sejam

174 O DEUS DE PALAVRA

boas, mas que ele usa até mesmo as coisas que não são boas para produzir a submissão que ele deseja.

O ENTENDIMENTO

Isto nos leva a considerar o alcance da promessa. Ela literalmente abrange "todas as coisas". O quadro aqui é de um Deus que reúne os diversos elementos da nossa existência e os molda em um todo unificado.

Não temos problemas, é claro, em ver como Deus pode usar as coisas boas da vida para o nosso bem, mas ficamos confusos com o pensamento de Deus usar coisas más para alcançar um fim bom.

O exemplo clássico dessa verdade vem da vida de José. Ele tinha sido tratado com crueldade pelos irmãos e vendido como escravo para o Egito. Ali, por meio da providência divina, ele foi elevado à posição de grande autoridade, ficando apenas abaixo de faraó. Veja como José via o mal que seus irmãos fizeram ao vendê-lo como escravo: "Vocês planejaram o mal contra mim, mas Deus o tornou em bem, para que hoje fosse preservada a vida de muitos" (Gn 50.20).

Uma ilustração desse princípio de tornar em "bem" algo aparentemente mal é do médico que realiza uma cirurgia.

A cirurgia envolve dor e sofrimento. Mas ninguém acusa o médico de ser cruel por causa da dor que ele causa por meio da cirurgia. Todos reconhecem que o propósito do médico ao provocar a dor imediata no paciente é obter o "bem" desse paciente a longo prazo.

UMA CERTEZA

Existe mais uma coisa que devemos observar nessa promessa. Ela diz respeito à sua certeza pessoal. Você notou como o apóstolo iniciou o versículo? Ele diz: "Sabemos...". Talvez preferíssemos que ele dissesse: "Esperamos...", ou "Desejamos...", ou "Oramos...", ou mesmo "Pensamos...". Mas ele diz: "Sabemos". Paulo não estava se perdendo em uma hipérbole — um exagero intencional para enfatizar determinado aspecto. Não, esta é a sua convicção sóbria e ponderada e ele pressupõe que todos os cristãos o acompanham nessa convicção.

De que maneira podemos compartilhar sua convicção? Examinando outros textos que ensinam a mesma coisa que esta promessa ensina. Vários textos ratificam a mesma verdade que esta promessa afirma. Foi assim que Paulo foi capaz de escrever essas palavras. Ele estava imprengado no Antigo Testamento onde o povo de Deus era chamado a "menina dos olhos dele" (Dt 32.10; Zc 2.8).

Paulo conhecia, por exemplo, as palavras de Provérbios 3.6: "Reconheça o SENHOR em todos os seus caminhos, e ele endireitará as suas veredas". Esse versículo confirma o mesmo princípio: Deus guia e controla todas as circunstâncias que envolvem seu povo.

Salmos 91.11 diz: "Porque a seus anjos ele dará ordens a seu respeito, para que o protejam em todos os seus caminhos". Novamente, o ensino é o mesmo como o temos em nosso texto.

Paulo também conhecia das Escrituras os exemplos de grandes homens como Jacó, Jó, Davi, e o homem que já mencionamos, José. Como podemos explicar tudo o que ocorreu na vida desses homens? Paulo so conseguiu explicar pela ação soberana de Deus desconsiderar as circunstâncias para trazer o "bem". Por isso ele diz: "Sabemos...".

Ainda havia as experiências pessoais de Paulo. Em sua segunda carta aos coríntios, ele inclui uma longa lista dos seus sofrimentos. E não são coisas boas. Paulo menciona encarceramentos, açoites, naufrágios e assaltos (2Co 11.23-33). Mas, embora essas coisas não fossem boas em si mesmas, elas contribuíram para o bem. Por meio delas Paulo foi gradualmente moldado à semelhança de Cristo e essa semelhança o tornou o poderoso apóstolo que levou multidões ao conhecimento salvífico de Cristo.

Podemos estar certos de que Deus faz o mesmo em cada um de seus filhos. Não, ele não está nos transformando em seus discípulos poderosos, como no caso de Paulo, mas em todas as circunstâncias, ele está trabalhando para nos tornar semelhantes a Cristo e está usando tudo isto para promover seu Reino.

Não somos capazes, é claro, de perceber tudo isso nessa vida. Sabemos que está acontecendo porque temos a palavra divina a esse respeito. Mas somos incapazes de dizer com precisão como esta ou aquela circunstância danosa pode ser parte do plano de Deus e contribuir para o nosso bem.

Não é necessário entender tudo. É suficiente sabermos que temos um Pai celestial amoroso que está comprometido com nossos melhores interesses. Quando não conseguimos seguir o curso de sua mão, podemos confiar em seu coração. Se estamos conscientes disso, podemos nos unir ao poeta e afirmar com alegria:

As coisas que acontecem comigo
Não acontecem por acaso, eu sei,
Mas por causa da sabedoria do meu Pai
Que quis que fosse assim.
Para o "fomento do evangelho"
Como parte de seu grande plano,
Deus pode usar nossos desapontamentos
E as fraquezas do ser humano.

24
A PROMESSA DE DEFENDER OS JUSTOS

Malaquias 3.16—4.3

A Bíblia diz que existem apenas duas classes de pessoas neste mundo: as que são salvas e as que não são. Ou, para usar outros termos, existem os justos e os perversos, os filhos de Deus e os filhos do mundo, os crentes e os incrédulos, os piedosos e os ímpios.

Este ensino não é muito bem-visto. Em nossos dias muitos preferem crer que existe apenas uma classe — os filhos de Deus — e todos automaticamente fazem parte dessa classe.

Outros vêem este ensino como uma falácia, mas eles também não se conformam com a idéia de haver apenas duas classes. Argumentam que há, na verdade, três classes: os salvos, os perdidos e os que são salvos mas que vivem toda sua vida como se fossem perdidos.

Não importa quão atraentes ou apelativas as outras opções possam ser, a Bíblia assegura enfaticamente, página após página, linha após linha, que há somente duas classes — não uma, nem três, mas duas.

A DESCRIÇÃO DOS JUSTOS

O profeta Malaquias descreve para nós os que pertencem à classe que denominamos justos ou filhos de Deus.

1. O temor do Senhor

O profeta primeiro diz que os justos temem o Senhor (3.16). Isso significa que Deus recebe a mais alta reverência. Nós fomos constituídos de tal forma que precisamos reverenciar alguma coisa. Deve haver algo em nossa vida que nos cause profunda admiração e que nos mova a uma profunda lealdade. Para alguns é o dinheiro. Para outros é o esporte ou o prazer. Para outros ainda é o poder e o prestígio. Para os cristãos, é Deus. Isso não quer dizer que não haja espaço para posses ou prazeres, simplesmente significa que essas coisas não ocupam o lugar de lealdade suprema em sua vida.

Os cristãos não são, portanto, descuidados nem indiferentes em relação a Deus. Eles têm profundo respeito por sua pessoa, submetem-se à sua autoridade e temem desagradá-lo. Note que Malaquias simplesmente declara isso como fato. Ele não diz que os justos deveriam temer o Senhor, mas, sim, que eles temem o Senhor.

Se isso é verdade a respeito dos justos, é lógico que os injustos não temem o Senhor. A Bíblia claramente afirma: "Aos seus olhos é inútil temer a Deus" (Rm 3.18). Alguém disse em certa ocasião que a essência da incredulidade é recusar-se a temer a Deus quando há razão para tal.

2. Eles se reúnem

Malaquias inicia com um ponto básico. Os justos são os que temem o Senhor. Em seguida ele menciona algumas consequências naturais desse ingrediente básico. Ele diz que os justos conversam uns com os outros com freqüência. Isso é inevitável. Diz o ditado que as "aves de mesma plumagem voam juntas". Se alguém tem o temor de Deus em seu coração é natural que deseje estar com outros que compartilham o mesmo interesse. Portanto, existe o aspecto público do temor a Deus. Será que é possível temer a Deus e não ter o desejo de estar com outros que compartilham o mesmo temor?

3. *Eles meditam no seu nome*

Então existe o aspecto pessoal para a justiça. O justo não somente se reúne com outros que compartilham sua visão, mas *ele também medita no nome de Deus* (ou, honra o seu nome). Ele se alegra em Deus e tem prazer em pensar nele.

Não é necessário dizer que os justos são abençoados por Deus. Acima de tudo, eles o reverenciam, encontram-se com os filhos de Deus e honram o seu nome. Portanto, é natural esperar que eles sejam abençoados por Deus e de muitas maneiras eles são.

UM QUEBRA-CABEÇA É APRESENTADO

Isso nos leva, porém, a um grande dilema — o fato de que os justos muitas vezes não aparentam ser diferentes em termos de bênçãos que os injustos.

Esse era um problema real para muitas pessoas no tempo do profeta Malaquias. Eles podiam facilmente olhar ao redor e ver pessoas que não tinham o desejo de servir a Deus, mas viviam melhor quem servia a Deus. Algumas pessoas ficaram tão desanimadas com essa situação, que começaram a dizer coisas horríveis, como por exemplo: "Todos os que fazem o mal são bons aos olhos do SENHOR, e ele se agrada deles" (2.17). E esse sentimento levou muitas pessoas a perguntarem: "Onde está o Deus da justiça?" (2.17). Outro comentário que se ouvia era: "Por isso, agora consideramos felizes os arrogantes, pois tanto prosperam os que praticam o mal como escapam ilesos os que desafiam a Deus!" (3.15).

O povo da época de Malaquias não foi o único a se incomodar com esse problema. O salmista Asafe escreveu um texto extenso em que questiona o motivo de os ímpios prosperarem enquanto o povo de Deus sofre. A certa altura ele diz:

> Assim são os ímpios;
> sempre despreocupados, aumentam suas riquezas.

Certamente foi-me inútil manter puro o coração e lavar as mãos na inocência, pois o dia inteiro sou afligido, e todas as manhãs sou castigado.

(Sl 73.12-14)

Asafe inicia o salmo confessando que ele havia permitido que esse problema o levasse à beira do desespero. Ele diz: "Os meus pés quase tropeçaram; por pouco não escorreguei" (v. 2). Quase todo filho de Deus pode dizer que o mesmo problema o fez tropeçar ou escorregar em certos momentos da sua vida. A maioria de nós tem de admitir que, dependendo de quanto os ímpios são abençoados, temos questionado com o povo de Malaquias se realmente vale a pena servir o Senhor (3.14).

Mesmo os descrentes estão cientes desse problema. Quando um cristão fala com eles a respeito da necessidade de terem Cristo, eles dizem: "Olhe, estou me dando tão bem quanto você. Por que eu precisaria de Cristo?"

UM DIA ANTECIPADO

De que maneira devemos lidar com esse dilema? Deus por sua graça, fez certas promessas para nos ajudar, e algumas delas encontram-se bem aqui na profecia de Malaquias. Ao unirmos essas promessas, podemos dizer que virá o dia em que a diferença entre o justo e o ímpio será cristalino.

A diferença entre crentes e descrentes pode não estar sempre evidente nesta vida, mas, nas palavras de T. V. Moore, virá o "grande dia do ajuste final [...] no qual todas as aparentes anomalias do presente deverão ser completamente explicadas e totalmente removidas para sempre".[1]

---

[1] *A Genera series commentary*: Zechariah, Haggai & Malachi, The Banner of the Truth Trust, p. 167-8.

A PROMESSA DE DEFENDER OS JUSTOS **181**

Que dia será esse? É o dia em que essa vida terminará e a eternidade finalmente amanhecerá. Em que situação esse grande dia vai encontrar o povo de Deus? O Senhor diz que ele os encontrará seguros nele.

Os salvos pela graça ainda nem começaram a entender a grandeza do amor de Deus para com eles. O Senhor nos considera seu tesouro pessoal (3.17), e ele diz que chegará o dia feliz quando ele nos reunirá consigo.

Nesse mundo, o povo de Deus é considerado seu tesouro pessoal. Eles estão espalhados em meio ao lodo e atoleiros. São, muitas vezes, tratados com desdém e desprezo. Naquele dia eles serão finalmente recompensados e absolvidos. Nada do que fizeram para honra e glória do Senhor será esquecido, porque Deus mantém um "livro como memorial" (3.16).

Era prática comum entre os reis antigos guardar esse tipo de livro. Qualquer súdito que realizasse um serviço ao rei tinha seu nome e o que fizera registrado naquele livro, e no tempo oportuno o rei o recompensava (Et 6.1). Deus mantém um livro como memorial onde até o serviço mais simples é anotado.

Quando o povo de Deus se reúne para conversar uns com os outros a respeito dele, o sussurro mais insignificante de louvor é anotado e será recompensado. O Senhor Jesus "tocou essa mesma nota" quando Pedro perguntou o que ele e os outros discípulos receberiam por segui-lo. Jesus disse que quem o seguisse receberia "cem vezes mais" (Mt 19.29).

O amanhecer desse glorioso dia eterno será uma ocasião para a manifestação de alegria e louvor indescritível. Malaquias diz que será um dia em que os filhos de Deus "saltarão como bezerros soltos no curral" (4.2).

Com o Deus que nos considera seu tesouro pessoal e que recompensa mesmo a forma mais simples de serviço, por que devemos nos preocupar se os ímpios por acaso prosperam mais que os cristãos nesta vida?

Mas, o que acontecerá aos ímpios? Onde o amanhecer do dia eterno os encontrará? O Senhor não tem palavras radiantes e maravilhosas a dizer a respeito do futuro deles. Pelo contrário, para eles, o dia eterno será um dia ardente como uma fornalha, e eles serão como palha no meio do fogo. O Senhor diz: "E, aquele dia, que está chegando, ateará fogo neles" (4.1). Pode ser que não sejamos capazes de detectar muita diferença entre os justos e os ímpios aqui. Pode parecer que eles sejam igualmente abençoados, e, em alguns casos, até pode parecer que os maus sejam mais abençoados que os justos. Mas quando o dia eterno amanhecer, a diferença será manifesta para que todos vejam. Deus diz o seguinte a respeito daquele dia:

> Então vocês verão novamente a diferença
> entre o justo e o ímpio, entre os que servem
> a Deus e os que não o servem.
>
> (3.18)

O povo de Deus é chamado, então, a não olhar para esta vida como fonte da sua felicidade, nem deve esperar que Deus finalmente os vindique (absolva) nesta vida. Estamos metidos em uma grande confusão se esperamos que esta vida conceda as coisas que somente a eternidade pode conceder.

Também somos exortados a não invejar os ímpios, mas sentir profunda compaixão e piedade por eles. A felicidade que eles desfrutam é toda felicidade que eles têm para desfrutar. Asafe inicialmente estava perturbado com a prosperidade dos ímpios, mas ele veio a entender que é uma completa insensatez invejar qualquer um cujo destino é a eterna destruição (Sl 73.17-20).

O profeta Malaquias foi capacitado pelo Espírito de Deus a ver a vindicação final do justo, mas nós chegamos a ver ainda mais do que ele viu. Especificamente, temos o privilégio de ver a pessoa de Jesus Cristo bem no centro da vindicação dos justos. É somente por meio dessa obra acabada na cruz do Calvário que qualquer pessoa pode ser considerada justa. Não deve surpreender, portanto, que no grande dia da vindicação uma incontável multidão será reunida ao redor do seu trono e um enorme coro levantará a voz em louvor a Cristo:

> Tu és digno de receber o livro e de abrir os seus selos,
> pois foste morto, e com teu sangue compraste para
> Deus gente de toda tribo, língua, povo e nação.
> Tu os constituíste reino e sacerdotes para o nosso Deus,
> e eles reinarão sobre a terra.

(Ap 5.9-10)

Quarta parte
Promessas para o fim
da jornada

Como já vimos, o cristão é alguém que está numa jornada. Ele a inicia por meio das promessas de Deus. Ele é sustentado nela pelas promessas de Deus. Virá o dia, porém, quando a jornada do cristão nessa terra estará completa. E então? O mesmo Deus da promessa que enviou o cristão à jornada e o sustentou, também fez promessas para o final dela.

Por causa dessas promessas o cristão pode responder às perguntas que mais inquietam e desorientam o homem: Como podemos enfrentar a morte com tranqüilidade? Existe algo depois da morte? Se existe vida após a morte, como será? Será que a morte é o fim para o corpo, enquanto a alma continua existindo?

As respostas a essas perguntas mostram que o cristão chega ao fim da vida em paz e esperança. Sim, existe certo receio natural em relação à morte para o cristão, mas esse receio é suavizado pela compreensão que Deus tem promessas a respeito do futuro e essas promessas são verdadeiras.

Dizia-se que os seguidores de John Wesley morriam em paz. As promessas de Deus em relação ao fim da nossa jornada podem possibilitar-nos a seguir o exemplo deles.

25

A PROMESSA DE AJUDA NA HORA DA MORTE

Isaías 43.1,2

O povo de Judá, como mencionamos em capítulos anteriores, enfrentava tempos extremamente difíceis e árduos. Por sua desobediência, eles foram destinados a passar setenta anos no cativeiro da Babilônia. Era o julgamento de Deus sobre eles.

Mas mesmo em seu julgamento, Deus não esquece de ser amável com seu povo. Nestes versículos, ele lhes dá duas razões pelas quais não precisavam ter medo do que estava diante deles.

Primeira, eles estavam unidos a ele em um relacionamento que era indissolúvel. Eles lhe pertenciam, pois ele os havia redimido e constituído seu povo (v. 1).

E, segunda, Deus prometeu estar presente com eles quando enfrentassem provações e sofrimentos no futuro (v. 2).

Estas não eram promessas pequenas. As circunstâncias que o povo enfrentaria na Babilônia seriam de natureza tão severa que elas podiam ser comparadas com o passar por um rio profundo ou pelo fogo ardente (v. 2).

A promessa divina de estar com o seu povo em meio às aflições na Babilônia tem sido preciosa para todo o povo de Deus que passa por algum tipo de provação severa. É uma promessa geral que pode ser aplicada a qualquer tipo de dificuldade. Além disto, essa promessa também tem sido usada pelos cristãos de forma específica — isto é, para confortar a si mesmos e a outros em relação à morte.

188 O DEUS DE PALAVRA

A CORRENTEZA CRESCENTE

A morte pode de fato ser comparada a um grande rio agitado que ameaça inundar e engolir completamente. John Bunyan no livro *O peregrino* descreveu essa situação: "Então decidiram [Cristão e Esperançoso] entrar na água; e entrando, Cristão começou a afundar, bradando então ao bom amigo Esperançoso: — Afundo em águas profundas, as vagas me encobrem a cabeça, todas as suas ondas passam por cima de mim, selá'.[1]

Jonas usou esse tipo de linguagem quando estava no ventre do peixe: "Todas as tuas ondas e vagas passaram sobre mim [...] As águas agitadas me envolveram" (Jn 2.3,5).

Jonas estava literalmente envolvido por uma grande quantidade de água, mas também existia uma dimensão espiritual que ele estava experimentando. É por isso que ele fala que as águas agitadas o estavam envolvendo. As águas ao seu redor ameaçavam tirar-lhe a vida e ele pensava que a morte era em si uma correnteza poderosa que parecia subjugá-lo.

Escritores de hinos também retratam a morte como o cruzar de um grande rio. O hino de Fanny J. Crosby "Meu Salvador acima de tudo" começa assim:

> Quando minha labuta nesta vida terminar,
> E eu cruzar a correnteza...

A morte também pode ser comparada com o passar pelo fogo. Nós associamos fogo com dor e angústia extrema, e isso o torna uma imagem apropriada para a dor e a angústia que sentimos quando enfrentamos a morte.

A PRESENÇA CONFORTADORA E PROTETORA

Da mesma maneira que o povo de Judá encontrou forte consolo e conforto com a presença de Deus na Babilônia, nós

[1]São Paulo: Mundo Cristão, 1999, p. 225.

A PROMESSA DE AJUDA NA HORA DA MORTE 189

também podemos encontrar conforto na hora da morte com essa mesma presença.

Quando Davi contemplou a face repugnante da morte, ele foi confortado pela presença de Deus:

Mesmo quando eu andar por um vale de trevas
(sombras) e morte,
não temerei perigo algum, pois tu estás comigo;
a tua vara e o teu cajado me protegem.

(Sl 23.4)

Você já percebeu a mudança que ocorre neste versículo? Até este ponto, Davi estava falando *a respeito* de Deus, mas aqui ele começa a falar *com* Deus. Ele descreve a morte como entrar em um vale (não subir uma montanha, que é extremamente difícil, mas passar pelo vale, que é fácil e agradável). Quando entra nesse vale uma sombra cai sobre ele (sombras por si só são completamente inofensivas). De repente ele se conscientiza de que tem mais alguém com ele. É o mesmo Senhor que o pastoreou por toda a vida!

Esse Senhor, embora muito amado, nunca tinha sido visto antes (1Pe 1.8), mas Davi o vê agora, claramente, a ponto de discernir que ele está levando uma vara e um cajado. A vara e o cajado do pastor eram fontes de grande conforto para as ovelhas. Esses instrumentos podiam ser usados para reunir as ovelhas e repelir os inimigos. E Davi, ao vê-los, repentinamente sente o conforto inundando alma. Ele sabe que, como filho de Deus, tem inimigos temerosos que juraram destruir sua alma, mas a visão da vara e do cajado o faz lembrar que ele está absolutamente seguro; nenhum mal pode tocá-lo.

Muitos cristãos, quando se aproximam do vale da morte, encontram-se subitamente assolados pelos inimigos da dúvida e da culpa. Davi estimularia cada um de nós a afastar a mente desses inimigos e buscar o Senhor nas sombras. Ele é capaz de afastar todos os inimigos que nos rodeiam na hora da morte.

Enquanto continuamos olhando para a promessa na profecia de Isaías, descobrimos que Deus não somente promete estar com seu povo no rio e no fogo, mas também promete impedir que o rio e o fogo lhes causem algum tipo de dano. Não é exatamente isso que gostaríamos de ouvir de Deus. Nós gostaríamos que Deus arranjasse um meio para não preci-sarmos passar pelas águas da aflição e pelo fogo da dificuldade, e especialmente pela correnteza crescente e pela chama ardente da morte. Mas Deus diz para a grande maioria do seu povo (somente os que estiverem vivos no retorno de Cristo estarão isentos): "Vocês precisam passar pelas águas gélidas da morte. Tem de enfrentar corajosamente suas brasas ardentes. Embora pareça cruel, estas coisas não têm poder real para causar-lhes dano. As águas não vão afogá-los e as chamas não os queimarão".

O apóstolo Paulo diz essencialmente a mesma coisa em sua primeira carta aos coríntios. Ali ele repreende a morte: "Onde está, ó morte, o seu aguilhão?" (1Co 15.55). O cristão precisa enfrentar a morte. Não tem como fugir dela, mas a morte é para ele um monstro sem dentes. O aguilhão já foi removido.

UMA REALIDADE SEGURA

Como sabemos se tudo isso é verdade? Como sabemos se a promessa geral de Deus de estar com seu povo em todos os momentos de provação e especialmente na hora da morte é confiável? Como sabemos se sua presença é suficiente para tirar o aguilhão da morte?

Nosso Deus responderia a essas perguntas com as mesmas palavras que respondeu ao povo de Judá:

...eu o resgatei;
eu o chamei pelo nome;
você é meu.

Essa é toda a garantia que precisamos. Deus nos redimiu dos nossos pecados enviando o próprio Filho para suportar sua ira contra os nossos pecados. Graças à obra redentora de

Cristo, Deus estabeleceu uma relacão pessoal, amigável e até mesmo íntima conosco. Ele nos chama pelo nome. Em virtude do que Cristo fez, Deus nos comprou e nos faz sua propriedade exclusiva.

Se Deus foi tão longe por nossa causa, por que devemos, por um momento sequer, duvidar de que ele cumprirá sua promessa de estar presente conosco na hora da morte e que a sua presença será suficiente para tornar a morte completamente inofensiva?

A SALVO EM CASA

A propósito, Cristão (personagem de *O peregrino*) passou em segurança. Seu amigo Esperançoso lhe disse: "Esses tormentos e aflições que você sofre nessas águas não são sinais de que Deus o abandonou, mas pretendem colocá-lo à prova, para ver se você se lembrará ou não daquilo que até aqui recebeu da sua bondade, confiando nele em meio a toda essa angústia".

Cristão refletiu nisso por um tempo, e então clamou: "Ó, novamente o vejo! E ele me diz: 'Quando passares pelas águas eu serei contigo; quando pelos rios, eles não te submergirão'" (Is 43.2).[2]

[2] Ibid., p. 266-7.

26

UM CONJUNTO DE PROMESSAS

1Tessalonicenses 4.13-18

Quando o cristão entra nas águas gélidas da morte, descobre que o Senhor está lá para ajudá-lo e sustentá-lo. Nas sombras do vale da morte descobre que o próprio Bom Pastor está lá com ele, que tão amavelmente o apascentou por toda a vida. Mas o que ocorre após a morte? A Bíblia fornece uma série de respostas para essa questão.

A primeira coisa que ocorre quando o cristão morre é que sua alma parte imediatamente para a presença de Deus. O apóstolo Paulo diz: "Enquanto estamos no corpo, estamos longe do Senhor" (2Co 5.6). Logo depois ele acrescenta: "Temos, pois, confiança e preferimos estar ausentes do corpo e habitar com o Senhor" (2Co 5.8).

Fica claro pelas palavras de Paulo que a separação ocorre quando o cristão morre. O corpo e a alma são separados um do outro. O corpo vai para o túmulo e a alma vai para a presença do Senhor. E o que ocorre depois? Há um futuro para o corpo, ou o túmulo é seu destino final?

Os crentes de Tessalônica estavam tão preocupados com essa questão que pediram orientação a Paulo. Encontramos resposta do apóstolo em 1Tessalonicenses 4.13-18. Um olhar superficial nesses versículos revela que temos aqui uma série de promessas. Elas indicam o que ocorrerá no futuro (v. 14-17). Podemos colocar em ordem uma seqüência ou uma corrente de acontecimentos revelados nessas promessas.

O retorno de Cristo

Primeiro, o próprio Senhor Jesus descerá dos céus "dada a ordem, com a voz do arcanjo" (v. 16). Sou grato pela ênfase transmitida pela palavra "próprio". Ela nos garante que o povo de Deus é tão precioso para ele e a reunião desse povo é tão importante que ele próprio vai realizá-la, como os anjos prometeram aos discípulos (At 1.9-11).

A ordem e a voz do arcanjo nos fazem saber que esse será um dia triunfante.

A reunião da alma e do corpo

O segundo elo dessa corrente de acontecimentos é comunicada pelas seguintes palavras: "Deus trará, mediante Jesus e com ele, aqueles que nele dormiram" (1Ts 4.14). A quem esse texto se refere? Já verificamos que no momento da morte, a alma do crente imediatamente encontra-se com o Senhor. Parece, portanto, que quem virá com Jesus quando ele retornar são as mesmas almas que já estavam com ele há muito séculos.

William Henriksen observa: "Na concepção de Paulo e seus companheiros (bem como na seus leitores, presumivelmente), os que partiram são muito reais. *São pessoas!* Estão definitivamente vivos e ativos! Além do mais, são pessoas que Jeus trará consigo do céu em sua vinda".[1]

O terceiro aspecto futurista nesses versículos nos garante que quando o Senhor retornar com a alma do crente que morreram, o corpo desses crentes ressuscitará (v. 16) e será reunido com sua alma.

O arrebatamento dos santos vivos

Em seguida ocorrerá o arrebatamento dos vivos (v. 17). Paulo explica essa parte da seqüência tanto negativa quanto positi-

---

[1]*Comentário do Novo Testamento*: 1 e 2 Tesslonicenses, São Paulo: Cultura Cristã, 1998, p. 168.

UM CONJUNTO DE PROMESSAS 195

vamente. No aspecto negativo, ele diz que quem estiver vivo na vinda do Senhor certamente não precederá os que dormem (v. 15). Em seguida ele acrescenta que quem estiver vivo será arrebatado com eles nas nuvens (v. 17). Com essas palavras Paulo procura esclarecer a parte chave da confusão dos tessalonicenses. Eles evidentemente chegaram à conclusão que os cristãos que morressem antes do retorno do Senhor Jesus Cristo estavam em posição inferior. Alguns estudiosos acreditam que alguns dos tessalonicenses podem até ter acreditado que para ser salvo era necessário estar vivo na época do retorno do Senhor. As palavras de Paulo dissipam toda a confusão e preocupação. Não existe razão para preocupar-se com os cristãos que já morreram. Suas almas já estão com o Senhor e seus corpos ressuscitarão primeiro.

Depois que os corpos dos crentes mortos ressuscitarem, os vivos serão "arrebatados". Sem precisar passar pela morte, eles serão transformados instantaneamente e se unirão nos ares com aqueles cujos corpos foram ressuscitados dos túmulos.

A REUNIÃO DOS SANTOS E A VISÃO DE CRISTO

Isto nos traz ao último elo dessa corrente de eventos, a saber, o glorioso encontro nos ares.

Quem consegue imaginar a incrível alegria e vibração de encontrar nos ares os membros da família cristã e os amigos que nos precederam na morte? Mas a maior glória desse momento é que vamos encontrar o Senhor nos ares (v. 17).

Face a face com Cristo, meu Salvador,
Face a face — como será,
Quando no arrebatamento olhar para ele,
Jesus Cristo que morreu por mim?

Face a face — ó momento bem-aventurado!
Face a face — para ver e conhecer;

Face a face com meu Redentor,
Jesus Cristo que tanto me amou.

Paulo tem mais uma palavra a acrescentar a respeito dessa multidão alegre nos ares. Ele diz que essa multidão nunca será dispersada. Quando o Senhor Jesus reunir os seus santos, ele não gastará um breve momento com eles, mas passará a eternidade com eles. Paulo diz: "E assim estaremos com o Senhor para sempre" (v. 17).

O FUNDAMENTO INABALÁVEL

Essa corrente de eventos indubitavelmente pode soar um tanto fantasiosa e forçada para alguns. Nós vivemos em uma época em que as pessoas podem ser muito frias e céticas em relação à verdade e, ao mesmo tempo, muito crédulas e ingênuas acerca da falsidade. Eles caminharão ao redor da verdade o dia todo e nunca irão abraçá-la, mas rapidamente engolirão a falsidade.

Não se engane, esses quatro eventos não são invenções de uma imaginação fértil. Reflita novamente nesse texto e perceba que tudo o que Paulo diz acerca do futuro do crente está baseado no fundamento sólido. Qual é esse fundamento? É este "Jesus morreu e ressuscitou" (v. 14).

O crente, então, não precisa simplesmente agarrar-se a um cabide no ar e tentar construir sua esperança futura nesse cabide. Sua esperança está baseada no sólido fundamento da morte e ressurreição de Jesus. É um fato absoluto da história que Jesus veio, morreu e ressuscitou. Esse é o fundamento sobre o qual podemos descansar confiante e alegremente.

27
A PROMESSA DA
CASA DO PAI

João 14.1-3

Jesus muitas vezes falou da sua morte aos discípulos, mas naquelas ocasiões tudo parecia muito distante e nebuloso. Nessa noite especial, porém, tudo era agonizantemente real e sem escapatória. Havia alguma coisa muito solene e significativa a respeito de cada coisa que Jesus dizia e fazia naquela ocasião. O lava-pés; a instituição da ceia, na qual que eles deveriam lembrar sua morte (Lc 22.14-20); a declaração de que um deles o negaria e outro o trairia — tudo isso davam à sua morte uma estranha iminência.

Então o que eles haviam sentido durante aquelas horas noturnas foi claramente colocado em palavras por aquele que os amou tanto: ele os deixaria (Jo 13.33,36). Eles estavam chocados com tudo o que havia acontecido. Como os discípulos continuariam sem ele? Como um deles seria capaz de negá-lo e outro traí-lo? O que aconteceria com o sonho deles a respeito da instituição do reino terreno? Todas essas perguntas e outras mais comprimiam suas mentes e martelavam suas emoções com a força de uma marreta.

Corações perturbados — somos peritos nisso, não somos? Não hesitamos em concordar com as palavras de John Charles Ryle: "Coração perturbado é algo comum neste mundo. Nós o

198 O DEUS DE PALAVRA

encontramos em todas as classes sociais, e nada pode mantê-lo distante de nós".[1]

Vivemos em um mundo diferente daquele dos discípulos mas continuamos sentindo a dor deles. Uma doença séria acomete um ente amado, os a nós mesmos, e o nosso coração fica perturbado. A sociedade range e geme debaixo da maciça carga do pecado e nossos corações ficam perturbados. Entes queridos morrem e nossos corações ficam perturbados. Vivemos em uma época em que o câncer atormenta nossos corpos, a tensão destrói nossos casamentos e apuros financeiros arruínam nossos sonhos. Vivemos em uma época em que os bebês são despreocupadamente descartados no lixo hospitalar, crimes assolam nossas ruas, a fome espalha-se silenciosamente entre os pobres e a imoralidade desfila nas telas da televisão. E, semelhante aos discípulos, suspiramos, nos espantamos e fazemos perguntas. Como essas coisas podem acontecer? Como poderemos enfrentar outro dia? O que nos reserva o futuro?

Graças a Deus, Jesus não ignorou o coração dos discípulos, mas deu a eles uma dose ampla e intensiva de conforto. Se você continuar lendo o texto verá Jesus garantir aos seus discípulos que sua obra continuaria (14.12), eles receberiam poder na oração (14.13,14), o Espírito Santo viria para ajudá-los (14.15-17) e eles desfrutariam da herança de paz (14.25-27).

Todo o capítulo transborda conforto, mas nenhuma dessas frases é mais estimada do que as palavras que temos nos três primeiros versículos. Existem três coisas que precisamos considerar com cuidado nesse texto.

A NECESSIDADE DE CRER

Em primeiro lugar, Jesus dá numa palavra a cura para o coração perturbado: "Creiam". Preciso acrescentar, porém, que Jesus não estava dando permissão para crerem em qualquer coisa

[1] *Meditação no evangelho de João*, São José dos Campos: Fiel, 2000, p. 183.

que desejassem. Ele diz: "Creiam em Deus; creiam também em mim", ou, como alguns têm traduzido: "Vocês crêem em Deus, creiam também em mim".

Esses discípulos já criam em Deus e que Jesus era o Filho de Deus e, portanto, igual a Deus em todos os sentidos. Por que, então, Jesus os estimularia a crer em alguma coisa, ou em alguém, em quem eles já criam? A resposta é que há níveis de fé. Uma pessoa pode ter uma fé verdadeira e ainda assim essa fé ser fraca. O grande Charles Spurgeon dizia: "Irmãos, sejam grandes crentes. A pequena fé levará sua alma para o céu, mas a grande fé trará o céu para a sua alma".[2] É isso que Jesus está essencialmente dizendo. Ele estava conclamando seus discípulos a crer mais completa e inteiramente do que eles tinham crido até então.

Estamos tratando aqui de uma lei fundamental da vida cristã: os que têm a fé maior — que conhecem mais a respeito da Palavra de Deus e que se agarram mais tenazmente a ela — são os que têm a defesa mais forte contra os assaltos ferozes do coração perturbado.

ALGO PARA CRER

Depois de dizer aos discípulos para crer de maneira mais firme e decidida em Deus do que nunca, Jesus lhes revela uma verdade específica para os seus corações perturbados crerem. Ele diz: "Na casa de meu Pai há muitos aposentos".

Acho interessante que Jesus tratou do coração perturbado dos discípulos apontando para seu futuro lar. Nós achamos que a maneira correta de lidar com a perturbação é removê-la. Uma vez que ele era Deus em carne humana, Jesus poderia ter feito isso. Ele poderia ter removido o que estava perturbando o coração deles. Poderia ter se negado a ir para a cruz e ter ficado com eles. A sabedoria de Deus nunca chega ao fim

---

Ernest W. Bacon, *Spurgeon: heir of the puritans*, Eerdnans Publishing Company, p. 114.

quando trata de lidar com a perturbação. Mas, o que Jesus poderia ter feito — remover o que os pertuba — ele não fez. No dia seguinte ele foi à cruz e morreu. Embora ressuscitasse da morte, ele voltou para o céu e deixou seus discípulos na terra. A cura para corações perturbados, então, não era remover a perturbação, mas chamá-los a olhar além dela para algo mais elevado, melhor e mais nobre.

Às vezes nos frustramos porque sabemos que o Senhor tem o poder para remover nossas perturbações, e mesmo assim muitas vezes ele decide não fazê-lo. Em vez disso, ele nor-malmente faz conosco o mesmo que ele fez com os discípulos. Ele nos pede para olharmos além das perturbações da vida para o glorioso lugar que está sendo preparado para todos os filhos de Deus.

Seu coração está atribulado hoje? Pegue-o e mergulhe nas águas dessa promessa até que a perturbação seja toda removida. Primeiro, pense no céu como a casa do Pai. Que pensamento glorioso! O céu é o lugar onde está o Pai. Então o céu é um lar. Uma boa parte das perturbações do nosso coração nessa vida vêm da tentativa de tornar este mundo o nosso lar. Caímos facilmente na armadilha de pensar que este mundo é nosso lar, e se não pudermos ficar aqui, então o céu é a próxima opção. Mas a verdade é que este mundo não é nosso lar. Nós somos estranhos e peregrinos aqui. Este mundo é uma terra estranha para nós.

Se o céu é a casa do Pai, isso significa que é um lugar de abundante provisão. Nossos pais terrenos fornecem o melhor que podem para suprir nossas necessidades aqui; nosso Pai celestial, em quem não falta competência, proverá abundantemente por nós no céu.

Se o céu é a casa do Pai, isso significa que é um lugar de proteção infalível. Os pais aqui procuram proteger suas famílias, mas muitas não conseguem. O Pai celestial vai proteger-nos de maneira infalível. Nada poderá nos atingir no céu.

Se o céu é a casa do Pai, isso significa que é um lugar de deleite e prazer. A maioria de nós experimenta a maior parte da felicidade nesta vida terrena em seus lares, mas nossos lares são muitas vezes manchados por desentendimentos e conflitos. O lar celestial nos dará deleite perfeito, porque ali não haverá desentendimentos nem conflitos.

Pense no céu como o lugar com muitas mansões. Essa mesma palavra pode ser traduzida por "moradas", "aposentos" ou "quartos". Ela implica lugares permanentes. Nessa vida, vivemos em casas temporárias, sujeitas a todo o tipo de catástrofes, e mudamos de um lugar para outro. No céu finalmente fixaremos moradia para sempre.

Quantos aposentados haverá lá no céu? O suficiente para cada filho de Deus ter seu lugar. O crente mais fiel estará lá, mas, graças a Deus, o santo de Deus mais fraco também estará lá. E todos serão monumentos da graça do Deus que os salvou.

O céu será maravilhoso! Quando um cristão morre, às vezes reagimos como se tivesse ocorrido uma grande calamidade. Sua morte pode ser muito difícil para nós, mas certamente não é nenhuma calamidade para ele.

Razão para crer

Talvez sua reação a tudo isso seja dizer: "Sim, o céu parece ser um lugar maravilhoso, mas como podemos saber que não é apenas utopia?" Os discípulos podem ter pensado dessa mesma maneira. Graças a Deus, Jesus também tratou desse ponto quando falou aos discípulos da certeza dessa promessa, ou por que eles podiam crer no que ele estava dizendo.

Nós normalmente mudamos de opinião a respeito da confiabilidade de uma informação que recebemos dependendo da pessoa que a comunica. Se é alguém é conhecido por exagerar ou enganar, não damos muita importância ao que ele diz. Se, por outro lado, conhecemos uma pessoa que possui caráter genuíno e integridade sem mácula cremos naquilo que diz, mesmo que possa parecer irreal.

Quando Jesus fez essa promessa acerca do céu aos discípulos, ele deu a sua palavra: "Se não fosse assim, eu lhes teria dito". E ele prosseguiu, dizendo que retornaria e os levaria pessoalmente à casa do Pai.

Jesus jamais os desencaminhara ou enganara, mas será que eles poderiam confiar nele em uma questão tão grande?

Todas as dúvidas que eles pudessem ter acerca de Jesus estavam prestes a ser totalmente demolidas. Eles estavam a apenas algumas horas do momento em que Jesus morreria na cruz. Mas eles também estavam a apenas algumas horas de vê-lo depois de abrir o próprio sepulcro!

Quando Jesus ressuscitou, qualquer incerteza que os discípulos tinham em relação ao que ele prometera simplesmente derreteu como o sereno sob o sol fulgurante. Cada um deles provavelmente disse para si mesmo: "Posso confiar no retorno de Jesus para me levar à casa do Pai exatamente como ele prometeu".

28
PROMESSAS ACERCA DA NATUREZA DO CÉU

Apocalipse 21.2-4; 22.3-5

U m dia a jornada do cristão terminará. Quando esse dia chegar, o Deus gracioso que o salvou, estará lá para ajudá-lo a atravessar a morte. Este mesmo Senhor prometeu ao cristão um novo corpo, um encontro glorioso com irmãos e irmãs em Cristo e um lar no céu. Já mencionamos alguns aspectos do que aguarda o crente no céu, mas as palavras de João nestes dois últimos capítulos da Bíblia nos dão ainda mais detalhes a respeito desse glorioso lugar. A palavra "glorioso" parece inadequada. O céu será infinitamente glorioso! Um vislumbre do céu e constataremos a plena verdade das palavras de Paulo:

Olho nenhum viu,
ouvido nenhum ouviu, mente nenhuma imaginou o
que Deus preparou para aqueles que o amam.

(1Co 2.9)

BELEZA ESTONTEANTE

O que tornará o céu um lugar tão glorioso? Ele certamente será um lugar de beleza estonteante. O Senhor criou a, terra que é um lugar de grande beleza apesar de estar sendo desfigurada pelo pecado. Mas sua beleza parecerá insignificante comparada com a beleza do céu.

A beleza física do céu será dupla. Primeiro, ali haverá a beleza da própria *cidade celestial*, uma beleza que João viu em sua visão e a registrou para nós (Ap 21.9-27). Além disso, haverá a beleza da *nova terra*. Essa é a parte do estado eterno que nós muitas vezes não conseguimos compreender. O céu não será apenas uma enorme cidade entre as nuvens. A cidade celestial, a Nova Jerusalém, estará situada numa nova terra (21.1,2).

Como será essa nova terra? Ela certamente será esta nossa terra restaurada com sua beleza e glória original, a beleza e glória que tinha antes da devastação causada pelo pecado. Como sabemos que será assim? A palavra "redenção" pede isso. Significa Deus colocar as coisas de volta onde estavam, e isso deve incluir a restauração da terra para o que ela era antes da entrada do pecado.

Na carta aos romanos, Paulo trata dessa mesma questão. Ele diz: "... a própria natureza criada será libertada da escravidão da decadência em que se encontra, recebendo a gloriosa liberdade dos filhos de Deus. Sabemos que toda a natureza criada geme até agora, como em dores de parto" (Rm 8.21,22).

Mas o céu será glorioso, creio, não tanto por causa da beleza da cidade sobre a terra redimida, mas por aquilo que não estará lá e por aquilo que lá estará.

ALGUMAS COISAS GLORIOSAMENTE AUSENTES

O que não encontraremos no céu? João nos conta com palavras de profundo significado e conforto. Ali não haverá *lágrimas*. Quantas lágrimas são derramadas aqui! Mas todas as lágrimas serão enxugadas no céu. E não haverá mais tristeza. Lágrimas são a manifestação exterior da tristeza interior. Podemos sentir tristeza e nunca chorar. Graças a Deus, no céu tanto a manifestação externa quanto a tristeza interior serão removidas (Ap 21.4).

Não haverá *morte* no céu. A "Gazeta Celestial" não terá uma coluna obituária. Não haverá necrotério na "Avenida Glória". Não haverá cemitérios no céu (21.4). O motivo dessas coisas não mais existirem é definido pela frase: "Já não haverá maldição nenhuma..." (Ap 22.3). Estas palavras nos lembram que o nosso mundo está agora debaixo de uma *maldição*, e tem sido assim quase desde o início da história humana. Quando Deus criou Adão e Eva e os colocou no jardim do Éden, não havia maldição. Tudo era puro, har-monioso e alegre. Mas as coisas não permaneceram assim. Um intruso veio e trouxe a maldição junto com ele, e essa maldição está conosco desde então. Qual é o nome desse intruso? Pecado.

Pecado é rebelião contra Deus e sua lei. Deus tinha dado a Adão e Eva um mandamento — eles não deveriam comer da árvore do conhecimento do bem e do mal. Eles desobedeceram ao mandamento e o pecado foi introduzido na raça humana. Visto que Deus é santo, ele não pode ignorar o pecado. Sua natureza o obriga a castigá-lo. Assim ele castigou Adão e Eva. O castigo principal foi a morte. No momento em que pecaram, Adão e Eva morreram espiritualmente, isto é, eles foram separados de Deus. A harmonia e a comunhão que eles haviam desfrutado com Deus desapareceu. Eles não morreram fisi-camente no momento do pecado, mas a semente da morte física foi plantada neles.

Ainda houve outros castigos. Dor, privação e sofrimento foram introduzidos. Eva teria de dar à luz com dor. É oportuno mencionar que seu castigo não foi de dar à luz filhos, mas o nascimento ocorrer com dor. Semelhantemente, Adão teve o elemento de dificuldade acrescentado ao trabalho. Antes, o trabalho era uma alegria, agora, a criação trazia resistência para ele todos os anos. Portanto a maldição do pecado foi, e é, dor, tristeza e morte.

Acho irônico ouvir tantas pessoas culpando Deus por todas as nossas dificuldades enquanto continuam agarradas firme-mente no pecado. Deus não é a fonte dos nossos problemas. O pecado sim. Se você não gosta da agonia e do sofrimento que vê por toda a parte, dirija a sua raiva contra o pecado, não contra Deus. Você pode iniciar, renunciando aos seus pecados. Talvez a maior indicação de nossa depravação é que ficamos com muita raiva de Deus em vez de nós mesmos. Naquele dia no Éden, o pecado estabeleceu um trono rival contra Deus e ele reina como um tirano desde então. Graças a Deus, o céu significará o fim da maldição do pecado.

ALGUMAS COISAS GLORIOSAS PRESENTES

O céu será glorioso não só pelas coisas que lá não existirão, mas também pelas coisas, ou melhor, por quem lá estará. A maldição do pecado é anulada por meio da obra de nosso Senhor e Salvador Jesus Cristo. Jamais podemos enfatizar suficientemente esse aspecto. Assim o céu não é somente o lugar para desfrutar a remoção da maldição do pecado; o céu é o lugar para adorarmos e louvarmos aquele que tornou tudo isso possível. De que maneira deveremos honrar o Salvador no céu? João usa três frases para descrever isso.

Serviço

João diz: "... os seus servos o servirão". Os cristãos parecem ter grande dificuldade em servir a Deus com fidelidade aqui e agora. Temos a tendência de ser casuais, indecisos e apáticos em nossa labuta pelo Senhor. Mas não teremos nenhum problema para impedir-nos de servir ao Senhor no céu. Primeiro, como já mencionamos, o peso arrasador do pecado desaparecerá. Além disso, compreenderemos pela primeira vez, a grandeza e majestade do que o Senhor fez por nós. A magnificência e maravilha da nossa salvação nos fascinará de tal forma que ficaremos estupefatos com tudo isso. Hoje achamos que tudo é normal, mas lá perceberemos o terrível dano que o pecado causava a nossa vida, quão absolutamente indignos éramos em receber nada além da condenação, e quão indescritivelmente gracioso Deus foi ao nos salvar.

Certamente, não estaremos no céu cinco segundos antes de baixarmos ás cabeças de vergonha devido à desculpas esfarrapadas e insignificantes que usávamos para evitar o serviço.

Ver a face de Cristo

João também diz: "Eles verão a sua face...". Nessa vida achamos que as palavras do hino sejam desagradavelmente verdadeiras: "A escuridão parece esconder a sua face". Precisamos acenar com a cabeça, concordando com Paulo quando ele diz: "Agora, pois, vemos apenas um reflexo obscuro, como em espelho..." (1Co 13.12).

A vida cristã é uma luta contínua para ver a face de Cristo. Nós apenas temos um vislumbre dele, e então ele é obscurecido pelas nuvens da dúvida e desobediência.

Muitos cristãos vêem face obscura especialmente no momento da morte, mas depois que passamos o rio da morte, nunca mais perderemos Cristo de vista.

Quando minha tarefa da vida terminar,
E eu cruzar a correnteza crescente,
Quando a brilhante e gloriosa manhã eu verei;

Conhecerei o meu Redentor
Quando alcançar o outro lado,
E seu sorriso será o primeiro a me saudar.

Ó, o arrebatamento emocionante da alma
Quando vir a sua face abençoada
E o esplendor dos seus amáveis e radiantes olhos!

Como o meu coração transbordante vai louvá-lo
Pela misericórdia, amor e graça
Que preparou para mim uma mansão no céu!

Ter o caráter de Cristo

João diz mais uma coisa: "E o seu nome estará em suas testas". O nome de uma pessoa representa o seu caráter, e a testa é

208 O Deus de palavra

normalmente comparada com visibilidade. Portanto, João está dizendo que devemos levar o caráter de Cristo no céu. Assim como ele é santo e puro, nós também devemos ser. Nós fomos originariamente feitos à imagem de Deus, mas por meio do pecado essa semelhança foi desfigurada e distorcida. Quando alcançarmos o céu, a imagem será completa e permanentemente restaurada.

A promessa do céu é gloriosa demais para ser compreendida. Nossa entrada ali será devido à graça do nosso Deus da promessa. Foi ela que removeu-nos do caminho da destruição e nos levou para o caminho da vida. Foi a graça que nos deu promessas para sustentar-nos a cada passo da jornada. E é a graça que finalmente nos levará para o Reino da glória celestial.

> Perigos mil atravessei
> e a graça me valeu.
> Eu são e salvo agora irei
> ao santo lar céu.*

Hinário para o culto cristão, Rio de Janeiro: Juerp, 1990, hino n.º 314.

CONCLUSÃO:
O ENCORAJAMENTO QUE VEM DAS PROMESSAS

Atos 27.20-25,42-44

Qual é o estado do seu coração? A honestidade obrigaria muitos cristãos a admitir que seu coração está abatido e perturbado. Alguns citariam as dificuldades da nossa época. Outros citariam as dificuldades pessoais: o casamento que azedou; a preocupação com as crianças; privações financeiras; doenças. Existem tantos problemas pessoais para preocupar e afligir nosso coração. Se isso não bastasse, muitos cristãos encontram dificuldades na igreja. Gostaríamos de pensar na igreja como um porto seguro neste mundo avassalador, mas muitas vezes nas nossas igrejas parece que predominam o estresse, a briga e o desentendimento.

Se a sua força está desgastada pelos problemas da vida, há boas notícias. Deus supriu seu povo com promessas animadoras em meio a situações difíceis e cansativas.

O puritano Richard Sibbes disse: "Deus fortalece a alma e espírito dos seus filhos com promessas, a fim de prepará-los para enfrentar as tentações que surgem por todos os lados...".[1]

---

[1] *Works*, vol. III, p. 384.

AS PROMESSAS ANIMARAM CORAÇÕES NO PASSADO

Pense, por exemplo, no apóstolo Paulo. Se houve um homem que teria o "direito" de estar abatido e desesperado, esse homem era Paulo. Nós o encontramos nesse capítulo como prisioneiro a caminho de Roma para ser julgado diante de César.

Se isso já não bastasse, o navio no qual Paulo estava viajando para Roma foi envolvido em uma terrível tempestade. Martelado impiedosamente pelo vento, o navio foi lançado de onda em onda como se fosse um palito de dente. Quando Paulo apelou a César ele sabia que sua vida poderia muito bem chegar ao fim nas mãos dele, mas agora parecia que ele nem chegaria a vê-lo. Seu futuro estava, na melhor das hipóteses, muito incerto e nebuloso. Quão séria era essa tempestade? Lucas, o companheiro de viagem de Paulo e autor de Atos, resume tudo numa frase obscura: "... finalmente perdemos toda a esperança de salvamento" (v. 20).

Foi no meio dessa situação desoladora que Deus lhe deu esta promessa: "Paulo, não tenha medo. É preciso que você compareça perante César; Deus, por sua graça, deu-lhe a vida de todos os que estão navegando com você" (v. 24).

Parece que Deus tem grande prazer em inserir uma promessa animadora em situações extremamente sombrias e desalentadoras. Houve época em que a cidade de Samaria esteve cercada pelos sírios o que levou os habitantes da cidade lentamente à beira da fome absoluta. Quando tudo parecia perdido, Deus deu ao profeta Eliseu uma promessa para compartilhar com o povo. No dia seguinte haveria comida em abundância na cidade (2Rs 6.24 —7.20).

Também houve a situação em que Acaz e o povo de Judá estavam sendo ameaçados pelas forças aliadas da Síria e Israel. A situação era tão desoladora que Isaías escreve que o coração de Acaz e do povo agitaram, como as árvores das florestas se

O ENCORAJAMENTO QUE VEM DAS PROMESSAS 211

agitam com o vento. No meio dessa situação, Deus enviou Isaías para dar-lhe uma promessa clara e distinta (Is 7.1-17).

Alguns anos mais tarde outro rei de Judá, Ezequias, achou-se diante de uma situação atormentadora. A cidade de Jerusalém estava cercada pelas forças assírias de Senaqueribe. A derrota parecia iminente. Mas naquela situação Deus novamente enviou Isaías com a promessa de que a ameaça dos assírios logo seria dissipada (Is 37.1-7).

Em cada uma dessas situações aparentemente desesperadoras, Deus interveio e animou o coração do seu povo, dando-lhes uma promessa definida na qual pudessem se agarrar. Esses exemplos podem multiplicar-se facilmente nas páginas das Escrituras.

AS PROMESSAS CONTINUAM ANIMANDO CORAÇÕES

Você encontra-se em uma tempestade hoje? A sua situação parece estar quase sem esperança? Existem boas novas para você e seu coração pesado! O Deus que fez promessas animadoras ao povo nos tempos bíblicos faz o mesmo para o povo hoje. Não, ele não usa anjos para proferir suas promessas como ele fez no caso do apóstolo Paulo. Ele também não envia profetas hoje com novas palavras de revelação. Mas isto não quer dizer que Deus nos deixou na mão neste mundo escuro sem nada para animar o nosso coração. A verdade é que ele lotou sua Palavra até a borda com o que Simão Pedro chama "grandiosas e preciosas promessas" (2Pe 1.4).

Se o seu coração está se arrastando e fraquejando, o que você precisa fazer, então, é familiarizar-se com as promessas das Escrituras. Se você está desanimado devido a alguma preocupação, procure na Bíblia e veja o que ela diz acerca da suficiência da graça sustentadora de Deus. Se o seu coração está sobrecarregado com um sentimento de culpa devido a algum pecado, olhe no livro de Deus e veja o que ele diz a respeito da graça perdoadora. Se o seu coração está desanimado por causa do paganismo vigente, olhe na Palavra de Deus e veja o que ela diz a respeito do triunfo final da causa de Deus e seu povo.

Não importa o que faz o seu coração doer e fraquejar hoje, existe alguma coisa no livro das promessas de Deus que vai confortar, fortalecer, encorajar e renovar você. Verifique, eu repito, na Bíblia! Depois de você examinar as Escrituras e encontrar as promessas de Deus, você precisa ir um passo adiante. Você precisa crer nelas. Esta é a única maneira de você ser animado por elas.

Pense novamente no apóstolo Paulo e seus companheiros de viagem durante aquela tempestade. Depois de comunicar aos companheiros a promessa que ele havia recebido de Deus, Paulo acrescenta: "Assim, tenham ânimo, senhores! Creio em Deus que acontecerá do modo como me foi dito" (v. 25).

Em outras palavras, Paulo disse que a única maneira de eles encontrarem alívio e conforto em meio à tempestade e se animarem, era crer na promessa de Deus. Alguns daqueles marinheiros e soldados rudes provavelmente riram quando ouviram Paulo dizer que um anjo aparecera a ele e lhe dera a promessa. Alguns talvez até tenham reagido às suas palavras dizendo algo parecido com: "Religiosos fanáticos estúpidos! Eles acham que sabem tudo".

Deus não precisou da fé deles para manter a sua promessa, mas enquanto recusavam-se a crer na promessa de Deus, eles condenavam-se a si mesmos à incerteza e medo e se privavam do conforto. A única fonte de conforto nessa situação estressante era crer na promessa de Deus. Não havia outra coisa que animaria corações.

Deus não precisa da nossa fé para que sua promessa se cumpra. Ele é absolutamente capaz de manter suas promessas quer creiamos nelas ou não. Mas precisamos crer nas promessas de Deus para que nosso coração se anime em meio aos estresses e tempestades da vida.

Podemos estar certos que embora todos os ocupantes do navio chegassem em segurança até a praia, não chegaram da mesma forma. Os que se recusaram a crer na promessa de Deus chegaram a salvo à praia após horas angustiantes de agitação e estresse. Por sua vez, os que confiaram na promessa de Deus chegaram em segurança até a praia depois de horas de perfeita paz por confiar que Deus não iria falhar.

Vivemos em tempos tempestuosos e estressantes, mas, mesmo assim, não precisamos ficar estressados. Embora haja tempestades em abundância em todos os lugares, não precisamos tê-las dentro de nós. Podemos descansar nas promessas de Deus e ficar em paz. Afinal todos os cristãos chegarão seguros à praia eterna de Deus. A única questão é como será a jornada. Para os cristãos que têm por hábito confiar nas promessas de Deus, a jornada será pacífica e agradável. Aos que têm dificuldades de crer nessas promessas, terão uma jornada cansativa. Que Deus ajude cada um de nós a ir para o céu dependendo das suas preciosas promessas.

Esta obra foi composta em *Garamond* e impressa
por Editora Betânia sobre papel *Off-Set* 63 g/m²
para Editora Vida em janeiro de 2003.